내 삶을 바꾸는
치유 명상 수업

내 삶을 바꾸는 치유 명상 수업

초판 1쇄 발행 2020년 10월 10일
초판 2쇄 발행 2020년 10월 15일

지은이 채환
펴낸이 양동현
펴낸곳 나들목
　　　　출판등록 제6-483호.
　　　　주소 02832, 서울 성북구 동소문로13가길 27
　　　　전화 02) 927-2345 팩스 02) 927-3199

ISBN 978-89-90517-70-8 / 03190

＊잘못 만들어진 책은 구입한 곳에서 바꾸어 드립니다.

www.iacademybook.com

이 도서의 국립중앙도서관 출판시도서목록(CIP)은
e-CIP홈페이지(http://www.nl.go.kr/ecip)와 국가자료공동목록시스템(http://www.nl.go.kr/kolisnet)
에서 이용할 수 있습니다. CIP제어번호 : CIP2020040869

내 삶을 바꾸는
치유 명상 수업

희망을 노래하는
수행자 채환의
이야기 명상집

나들목

투둑 투두둑, 양철 지붕 위로 쏟아지는 굵은 빗방울 소리가 묵직하다.

이사 온 지 며칠 안 된 자취집 단칸방은 휑하다.

방에 딸려 있는 작은 부엌.

열두 살 헌승은 석유곤로 앞에 두 손을 모으고 서 있다. 옆에는 습기를 잔뜩 먹어 허리가 부러지고 목이 바스러진 성냥개비들이 누워 있다. 성냥갑 안에는 이제 두 개의 성냥개비만 남아 있다.

그중 하나를 꺼내 든다. 성냥갑 한쪽 면을 조심스럽게 긁는다. 유황지에 닿자마자 황이 묻은 머리가 맥없이 뭉개진다.

곤로 위에 올려진 양은 냄비와 옆에 놓여 있는 라면 봉지를 본다. 입맛을 다신다.

하나 남은 성냥개비를 힘 있게 그어 본다. 허리가 반으로 툭 끊어지며 바닥으로 나가떨어진다.

　몸이 벽 쪽으로 기운다. 무릎이 꺾인다. 무릎 사이로 고개를 묻는다.

　방 밖으로 나간다. 옆 방 앞으로 가 대뜸 문을 두드린다.

　"저기요."

　기척 없는 방문을 살짝 열어 본다.

　한 사람이 벽을 등지고 정좌한 채 앉아 있다.

　"저기……."

　작은 목소리가 빗소리에 묻힌다.

　등지고 앉은 그는 뒤를 돌아보지 않는다.

　"저기, 저, 성냥 좀 빌릴 수 있을까요?"

　그제야 고개를 돌린 그는 무표정한 얼굴로 이쪽을 본다.

　눈이 마주친다. 고요한 그 눈빛을 마주하자 왈칵 눈물이 터진다.

　"너무 슬퍼요."

　참았던 눈물이 쉬이 멈추지 않는다.

　"왜 슬프니……."

　그가 묻는다.

　이유를 돌아보니 더 슬프고 어쩐지 두렵기까지 하다. 어깨가 떨린다.

　"너는 원래 슬프고 두려운 존재가 아니란다."

　"존재요?"

내 삶을 바꾸는 치유 명상 수업

그는 옅은 미소를 지은 채 다시금 벽을 향해 고개를 돌린다.

더 얘기를 나누고 싶어 안달이 난다.

"뭐하는 건가요?"

"……"

"이름이 뭐예요?"

그가 다시 고개를 돌리고는 헌승의 눈을 지그시 바라본다.

"나는, 너다."

"나라고요?"

"나는, 너의 무의식이다."

"그게 뭐예요?"

그의 눈이 반짝 빛난다.

"나는"

잠시 끊어진 목소리가 맑게 퍼진다.

"너의, 희망이다."

"……"

"나는, 너의 희망이다."

목차

제1장

희망 의식 찾기

1
치유

모든 것은 반드시 치유된다

....

초등학교 6학년 교실 안.

수학 시간을 앞두고 아이들이 책상 위에 주판을 올려놓고 앉아 있다.

헌승은 텅 빈 책상 위로 고개를 떨어뜨린 채 앉아 있다. 고아원에 사는 동식이의 책상 위도 비어 있다.

"전학 오자마자 버릇없이! 당장 집에 가서 주판 가져와! 둘 다!" 선생님의 호통 소리가 이어진다.

놀란 어깨가 움츠러든다.

선생님의 채근이 이어진다. "15분 준다. 당장 가져와!"

"네!" 서둘러 일어나 교실 문을 열고 밖으로 나가 달린다. 운동장을 빠르게 가로지른다. 교문 밖으로까지 요동치는 심장소리를 들으며 마냥 달린다.

15분 안에 주판을 가져 와야 한다. 구해 와야 한다. 아무것도 모르면서. 아무것도 모르면서. 물어봐 주었으면. 왜 가져오지 못했냐고 물어봐 주었으면.

가슴이 터질 것 같다. 소리치고 싶다. "저는 지금 부모님과 살고 있지 않아요! 시골에서 저만 올라와 있다고요! 주판을 준비하고 싶어도, 할 수 없어요. 하고 싶은데 할 수 없는 거예요!"

그럼 아이들이 뭐라 할까. 촌놈에 부모 없는 아이라고 놀리겠지. 그게 더 두렵다. 이유를 묻지도 않고 다그친 선생님께 감사해야 할까. 그런데 왜 이리 억울할까. 억울하다. 억울하다.

마치 15분 안에 주판을 마련할 수 있을 것처럼 "네!" 외치고 달려 나왔지만 갈 곳이 없다.

다리에 힘이 풀린다. 걸음이 느려진다.

길가에 덩그러니 선 자신을 본다. 갈 곳이 없다.

고개를 드니 자신도 모르게 도달한 곳이 자취집 앞이다. 들어가 기다란 마루 한 끝에 털썩, 걸터앉는다.

집주인 아주머니가 동그랗게 뜬 눈으로 이쪽을 본다.

"아주머니." 목소리가 가늘다. "저 셋방 사는 학생인데요. 돈 삼천 원만 좀 빌려 주실 수 있을까요……. 제가……, 주판을 사야 하는데……, 급한데……."

난감한 표정을 짓던 아주머니는 묘책이라도 생각난 듯 말한다. "돈은 좀 그렇고, 남편이 쓰던 주판 있거든. 그거 빌려줄게. 저녁에 갖다 줘라." 아주머니는 이빨 빠진 크고 무거운 목재 주판을 꺼내와 건네준다.

이게 어딘가. 냉큼 받아 들고 교실로 돌아와 선생님께 주판을 내민다.

"왜 이리 늦었어? 동식이도 금방 가져왔는데." 호통 치던 선생님은 주판을 보자 미간을 좁힌다. "이런 고물을 어디서! 이빨 다 빠진 주판이잖아. 이걸로 수업을 어떻게 해?" 높아진 언성이 좀체 수그러들지 않는다. "뒤로 가서 주판 들고 서 있어!"

사물함 앞에 선 채로 친구들의 등을 바라본다.

아이들의 주판알 튕기는 소리가 끝날 듯 끝날 듯 끝나지 않는다. 이 시간이 영원할 것만 같다. '답답해……' 수업이 끝나자마자 선생님이 다가온다. "도대체 부모가 있는 애니 없는 애니? 준비물을 제대로 챙겨 온 적이 없어." 무거운 나무 주판으로 헌승의 머리 위를 세게 긋는다. 드르륵.

머리 위로 주판이 달린다. 드르륵 드르륵 드르륵 드르륵……. 정수리가 얼얼하다. 입술을 앙다문다.

아이들이 까르륵 웃는다. 드르륵, 까르륵, 드르륵, 까르륵…….

눈을 감는다. 마음은 이미 자취집에 가 있다. 옆방 문을 두드리고 있다. 도와주세요. 도와주세요.

닫힌 눈꺼풀 안, 막막한 어둠을 뚫고 옆방 문이 열린다. 그가 예의 그 고요한 눈빛을 하고 헌승을 가만 바라본다.

"어둠속에 있구나."

"사라지고 싶어요."

"그러나, 너는 빛나고 있다."

"고통스럽다고요!"

"이 고통은 반드시 치유된다. 그리고 행복을 줄 거야."

"말도 안 돼!"

"기다려라. 고통이 숙성될 때까지."

"거짓말!"

"기다리자꾸나. 고통이 무르익고 발효되어 행복의 비밀 소스가 될 때까지."

까르륵, 드르륵, 까르륵, 드르륵……. 머리 위로 주판은 계속 구르고 있다. 아이들의 웃음소리도.

질끈 감은 눈꺼풀이 떨린다.

"고통은 고통일 뿐이에요."

"고통은 무르익는다. 아까 주판을 구하기 위해 운동장을 가로지르던 너를 떠올려 보렴. 힘차게 달리던 두 다리를 말이야. 근육은 쓸수록 단단해지고 튼튼해진다. 네 다리는 오늘도 더 튼튼해졌겠구나."

"그게 무슨 상관이에요."

"마음에도 근육이 있단다. 고통의 경험을 겪을수록 더욱 단단해지는 거지. 달리기를 하기 전보다 달린 후에 다리가 더 튼튼해지듯이.”

“이런 경험 따위, 겪지 않는 게 더 좋을걸요.”

“단언컨대 오늘의 경험은, 고통은, 반드시 네 마음 근육을 단련시켜 줄 것이다. 겪어라. 그리고 믿어라. 반드시 치유된다는 것을.”

그의 목소리가 멀어지며 공명한다.

“수고하고 있다는 걸 알아. 참, 수고하고 있다는 걸……”

“……”

“모든 것은 반드시 치유 된다. 모든 것은 반드시 좋아 진다.”

“……”

드르륵 까르륵, 드르륵 까르륵…….

조용히 눈을 뜬다.

자신의 두 다리가 보인다.

햇볕에 까맣게 그을린 두 다리가 흔들림 없이 교실 바닥을 딛고 서 있다.

(귓전에 말하다)

마음에 깊은 상처가 있나요?
잊을 만하면 쓰라린,
좀체 아물지 않는 그런 상처가 있나요?

아프지만
괴롭지만
상처 없는 존재는 없습니다.

그러나
상처를 바라보는 자신의 시선이 어떠한가에 따라
아무는 속도가 빨라질 수도 있고
오히려 덧나기만 할 수도 있습니다.

상처를 바라보고 부드럽게 다스리면
그 자리엔 새살이 돋습니다.
상처를 외면하고 원망하면
더 깊게 곪아 들어갑니다.

치유 : 모든 것은 반드시 치유된다

마음의 상처를 처다봅니다.

보듬어 줍니다.

그때에 치유는 시작됩니다.

귓전 확언

모든 것은 치유된다.
모든 것은 반드시 치유된다.

모든 것은 내 안에 있다.
모든 해결책은 내 안에 있다.

모든 것은 반드시 치유된다.
모든 것은 반드시 치유된다.

반드시 치유된다.
반드시 치유된다.

치유된다.
치유된다.

기억과 감정

모든 생각은 흘러간다
∙∙∙∙∙∙∙∙∙∙∙∙∙∙∙∙∙∙∙∙∙∙∙∙∙∙∙∙∙∙∙∙

자취집 마당에 선 채로 굳게 닫혀진 옆방 문을 바라보고만 있다.

한참 그러고만 있다.

다리가 내내 후들거린다. 하루가 몇 년처럼 길다.

문은 열릴 생각이 없다.

손바닥으로 마른 얼굴을 아무렇게나 비비고는 자신의 방 안으로 들어간다.

며칠이 지나도록 귓가에서 떠나질 않는다. 까르륵 드르륵, 까르륵 드르륵.

시간이 흐른다.

이제는 들리지 않는다. 살 것 같다.

또 시간이 흐른다.

주인집 마루에 있는 티브이 화면을 무심코 본다. 누군가 주판을 통기는 장면이 나온다. 문득 가슴 안에 큰 돌이 앉은 것처럼 답답하다.

까르륵 드르륵, 까르륵 드르륵. 점점 커지며 다가오는 그 소리에 오금이 저린다.

옆방 주변을 맴돌다 결심하고 문을 두드린다. 문을 연다. 있다.

예의 벽을 향해 앉아 있던 그는 기다렸다는 듯 고개를 돌려 이쪽을 본다.

현승의 목소리는 어쩐지 항의조다.

"잊고 싶은데, 잊히질 않아요. 무서워요. 슬퍼요."

고개를 끄덕이며 그가 말한다.

"기억과 감정은 동반자란다."

"주판을 보면, 주판을 생각하면, 눈물이 나요. 서러워져요."

"기억은 감정의 부싯돌이야. 감정도 기억의 부싯돌이고."

"잊고 싶어요."

"잊으려 애쓰지 마라."

"잊고 싶어요. 전부 다."

"진정 잊고 싶다면 잊으려 하지 마."

"그냥 떠올라요. 문득, 아무 때고. 주판 비슷한 것만 봐도."

"잊으려 하면 할수록 그 기억은 남게 돼."

"어떻게 하면 잊을 수 있죠?"

"물 흐르듯."

"물 흐르듯?"

"그래……, 물 흐르듯."

"물 흐르듯……."

그의 덤덤한 표정을 본다. 깊은 한숨이 새어 나온다.

"흘려보내렴. 잊으려 노력하면 할수록 기억 속에 남는단다."

"그냥 이렇게 놔두라니……."

"모든 기억은 감정과 함께 남게 돼. 주판의 기억은 감정과 함께 남아 있어. 주판을 잊으려 하면 할수록 감정은 더욱 거세게 움직여. 그럴수록 힘들어져. 그러니 물 흐르듯 흘려보내렴."

"말처럼 쉬우면 좋겠어요."

"물이 스르륵 흐르듯, 스르륵 흐르듯 말이다."

"정말로 흘러갈까요?"

"생각하지 않으면 흘러가. 다만 그 생각을 계속하는 게 어리석음이지."

"떠오르는 생각을 어쩌라고요. 멈추질 않는데."

"멈추게 할 수 있다. 사라지게 할 수도 있다."

"알려 주세요. 제발."

"그 생각이 본래 있었니?"

"아까 티브이에서 주판을 보기 전까지는 없었어요."

"그 생각은 본래 없었어, 근데 오늘 일어났어."

"네 맞아요. 티브이 때문에, 아니 그날 그 주판 일 때문에. 그 일만 아니었어도. 그 후로 자꾸만 생각나요."

"생겨난 건 반드시 사라진다."

"언제쯤에나 사라질까요?"

"잊으려 노력하지 않을수록 빠르게 사라진단다."

"잊으려 하지 않을수록?"

"그래. 물이 저절로 흐르듯 그냥 놔두렴. 아무것도 하지 말고 그냥."

"아무것도 하지 말고……."

"그 생각은 본래 네가 아니야. 생각하면 할수록 네가 되는 거지. 그러니 놔둬. 관여하지 말고 다만 놔둬. 그 생각은 본래 네가 아니니까."

"생각이 나지. 어떻게 내가 아녜요? 내 머리에서 나는 건데."

"착각이다. 어제까지는 없던 생각이 오늘 떠올랐지? 그럼 또 사라지겠구나. 그런 게 어떻게 너일 수 있겠니."

"그래도 내 머리에서 떠오르는 거잖아요. 남의 머리에서 떠올라 내 머릿속으로 옮겨 온 것도 아닌데."

"기억이 떠오르게 한 거지. 주판의 기억이 부른 주판에 대한 생각과 감정이다. 머릿속에 남아 있던 기억의 부스러기와 감정의 먼지덩이들. 만지면 만질수록 기억은 더 부서져 형체를 잃어 가고, 다른 모양이 되고, 그럴 때마다 감정 먼지는 더 풀풀 일어나게 되는 거지."

"정말 그냥 놔두면 사라질까요?"

"먼지를 가라앉히려면 어떻게 해야 할까? 손을 허공에 저으면 내려앉을까? 외려 먼지들이 더 많이 일어나 사방을 가득 채우지 않겠니?"

"……"

"네가 감정의 먼지를 건드릴수록 머릿속은 더 뿌옇고 복잡해져. 그럼 기억은 더 생생해지지. 기억이 부른 감정이 감정의 증폭으로 다시 기억을 부르는, 악순환이 거듭되는 거란다. 그러니 물 흐르듯 흘려보내렴."

"물 흐르듯."

"흘려보내려 노력하지도 말고, 그냥 놔 두어라. 밀어내려고 하지도 말고, 잡으려고 하지도 말고, 강물의 물이 유유히 흘러가듯. 그곳에 툭 던져놓고 그저 바라만 봐라."

"툭……, 던져 놓고?"

"기억은 과거의 것이야. 이미 지나간 것이다. 그때의 감정 또한 지나간 것이지. 그 기억과 감정이 현실의 지금과 연결될수록 더 큰 기억과 감정을 만든단다."

"그럼, 그냥 가만히 있어요?"

"흘려보내라. 흐르는 강물에."

"도대체 어떻게요?"

"잠시 눈을 감아 봐. 심호흡을 해 보렴. 입을 닫고 코로 깊게 숨을 들이마신 후, 입으로 길게 내쉬어 봐."

눈을 감는다. 입을 닫고 코로만 숨을 깊게 들이쉬어 본다. 그리고 입으로 내쉬어 본다. 평소의 숨쉬기와 달라 어렵다.

"몸과 마음에 힘을 빼. 어깨의 긴장도 풀고. 그 다음 편안하게 숨을 쉬어 보렴. 네가 보았던 강물이나 흐르는 물을 상상해 봐. 선명하지 않아도 돼. 그저 물소리. 물의 느낌. 물의 색을 떠올려 봐."

"보여요. 고향의 뒷마을 강물이."

"그곳을 편안하게 바라봐. 눈을 감았지만 강물이 눈앞에 있다고 상상하는 거야. 그리고 그 물을 향해 주판의 기억을 던져 버려."

"잘 안 돼요."

"자. 다시 입을 닫고 코로만 깊게, 천천히 숨을 들이쉬어. 입으로 천천히 내 뱉으면서 그 강물을 향해 주판의 기억과 감정을 던지는 거야. 내 뱉으면서 던지고 그걸 느끼는 거야."

"아. 던져져요. 첨벙하는 물소리도 나는 거 같아요."

"그래. 그거야."

"불편하던 마음도 정말 물과 함께 흘러가 버린 것 같아요."

"같은 게 아니라 흘러갔다. 생각은 사라진다. 반드시 사라진다. 지금 일어나는 모든 생각, 기억, 감정은 다 사라진다. 모든 고통도 사라진다. 사라질 것에 시간 낭비하지 마라. 감정 쓰지 마라. 사라진다. 반드시 사라진다."

"그럴까요?"

"조금 전, 눈을 감고 흘려보낼 때의 그 호흡을 잊지 마. 자주 반복하렴. 숨 속에 그 생각을 흘려보내. 나에게 온 모든 것은 나에게서 떠난다. 나타난 것은 사라진다. 모든 것은 반드시 사라진다. 모든 생각도 반드시 사라진다."

양 입꼬리가 자신도 모르게 살짝 올라산나.

마음이

가볍다.

(귓전에 말하다)

불쑥 올라온 기억 하나가
불쑥 떠오른 생각 하나가
당신을 힘들게 하고 있지는 않나요?
슬프고 외롭고 고통스러운 감정을 일으키고 있지는 않나요?

그 감정은 당신이 아닙니다.
그 생각은 당신이 아닙니다.

돌이켜 보세요.
바라보세요.
기억과 생각과 감정이 일어나기 전(before).

기억과 생각과 감정이 일어나기 전을 바라보면
그 흐름이 서서히 힘을 잃어 갑니다.

이 모든 것이 일어나기 전을 바라보는 순간
당신의 본래 의식이 드러납니다.

기억과 감정 : 모든 생각은 흘러간다

사실 그 기억이란 것조차
당신에 의해 선택된 조각일 뿐
당신이 아닙니다.

그러니 바라보세요.
당신의 생각은 당신이 아닙니다.
당신의 감정은 당신이 아닙니다.
당신의 기억조차 당신이 아닙니다.

당신의 생각, 감정, 기억이
그저 매순간 흘러간다는 것을 알아차릴 때
당신의 생각과 감정이 소멸됩니다.

지금 이 순간도
생각은 흐르고 있습니다.
흘러갈 것에
마음 쓰지 않습니다.
없어질 것에
마음 쓰지 않습니다.

귓전 확언

생각은 사라진다.
지금 당신이 일으킨 모든 생각은 사라진다.
그것은 그저, 사실이다.

지금 당신이 일으킨 모든 생각은 결국 사라진다.
지금 당신에게 고통을 주는 그 생각은 반드시 사라진다.
그것은 당연한, 사실이다.

사라질 것에 시간 낭비하지 마라.
아무것도 아닌 것에 에너지를 쓰지 마라.
모두 사라진다.
반드시 사라진다.
그것은 엄연한, 사실이다.

생각이 사라지고 난 그 텅 빈 자리에 차오르는 것은
오직 희망 의식 뿐이다.
그것은 완전한, 사실이다.

3
자기 인정
나는 온전한 존재다

초등학교 졸업식을 한 달 앞둔 오늘은 졸업 기념사진을 찍는 날이다.

전날 비누로 빨아 옥상에 널어 둔 노란 체육복은 밤새 서리를 맞아 축축하다. 뭐, 그런대로 말끔하다.

사진이란 걸 처음 찍어 본다. 어쩐지 마음이 설렌다.

운동장을 둘러싼 시멘트 의자 쪽으로 아이들이 속속 모여든다. 전날 깔끔하게 입고 오라던 선생님의 당부가 있어선지 맵시 있게 입은 아이들은 오늘따라 반짝거린다.

사진 촬영식을 보기 위해 함께 온 부모들은 먼발치에서 자신의 아이를 흐뭇하게 바라보고 있다.

헌승은 이질감을 느낀다. 흐뭇하게 바라봐 주는 부모도, 반짝이는 옷도 이 순간 자신에겐 없다.

사진사 아저씨의 "김치~!" 구호에 따라 아이들이 한껏 입을 벌리고 웃어 보인다.

헌승은 옆에 선 아이의 몸 뒤로 자신의 몸을 숨겨 본다. 유난히 노란 체육복은 쉬이 감춰지지 않는다.

"다시 한 번 김치~!" 하는 아저씨의 말에 아이들도 따라 한다. "김치~!"

입꼬리를 올려 본다. 잘 안 된다.

다음 날부터 아이들이 자신을 두고 쑥덕이기 시작한다. 누군가는 대놓고 타박한다. "야 거짓말쟁이! 어떻게 2년이나 속여 왔어? 혼자 살면서 티도 안 내고. 완전 거짓말했잖아. 뻔뻔이 헌승. 거짓말쟁이 헌승."

'난 거짓말한 적 없어. 누구도 물어보지 않았잖아. 그저 말할 기회가 없었을 뿐이야' 속으로만 삭히던 말은 끝내 입 밖으로 나오지 못한다. 물어봤다면 어쨌을 건데. 솔직히 말했을까. 알 수 없다.

어느 밤.

익숙하게 자취집 옆방 문을 연다. 허락도 없이 들어가 그의 등을 보며 선다.

타인의 눈치를 보는 것에 익숙해져 버렸지만 그의 앞에서는 속내를 쉬 꺼내게 된다. 눈치 보며 살기 싫다고도 말하게 된다.

자기 인정 : 나는 온전한 존재다

"왜 눈치를 보니?"

"그냥 그렇게 돼요. 저 사람이 나를 어떻게 볼까. 또 들키면 어쩌지? 그렇게."

"뭘 들키는데?"

"없어요. 이제 아이들도 혼자 사는 거 다 아는데요."

"그런데 왜 눈치를 보니? 네 잘못노 없고, 이제 남들도 다 아는데."

"모르겠어요. 그냥 주눅 들고 움츠러들어요. 사람 많은 곳에 가면 모두 날 보는 거 같아요."

"그래서?"

"불편해요."

"상(相)을 짓고 있구나."

"네?"

"네 마음에 바탕이 생긴 거지. 고정관념 같은 거 말이다."

"고정관념 아니에요. 남들은 있는데 저만 없는 게 많을 뿐이에요. 자꾸 들켜요. 아니 이해 받지 못해요. 나만 잘못된 거 같다고요. 나만 고장난 거 같아요. 근데 억울해요. 억울해……."

"지금 네가 말하고 있는 모든 것들은 네가 만든 그 상(相)에서 비롯된 거란다."

"속 모르는 얘기……."

"남들에겐 있고 네겐 없는 게 뭐지?"

"졸업 시킨 픽을 때 입을 벗진 옷, 구경 와 주는 부모."

"멋진 옷이 무어니?"

"나비넥타이, 멜빵바지, 파란 재킷……."

그날의 아이들 옷차림을 떠올리니 어쩐지 더 초라해진다. 목소리에 힘이 빠진다.

"근데 나는……."

"깨끗한 체육복을 입고 갔잖니."

"그래요. 체육복! 체육복이라니!"

"체육복이 어때서?"

"얼마나 입을 게 없었으면!"

"선생님이 체육복을 입고 오면 안 된다고 했니?"

"깔끔하게 입고 오라셨어요. 근데 난……."

"체육복을 깨끗하게 빨아 입고 갔지 않니? 너는 네가 준비할 수 있는 가장 깔끔한 옷을 입고 갔다. 그런데 뭐가 문제지?"

"말했잖아요. 다른 아이들은……."

"졸업 사진을 찍을 때엔 꼭 나비넥타이를 매야만 하니? 멜빵바지를 입어야 해? 재킷 정도는 입어야 하고?"

"특별한 날이니까요."

"특별한 날이면 어떤 차림 정도는 갖춰야 한다는 생각. 그게 너의 고정관념이라는 거다. 그게 상(相)을 짓는 행위야."

"남들과 다르다는 게 힘들어요."

자기 인정 : 나는 온전한 존재다

"너는 처음부터 남들과 달라. 너뿐 아니라 모든 사람들은 다 서로 다르다. 다름이 틀림은 아니야. 넌 남들과 달랐던 그날의 너를 틀렸다고 착각하고 있어."

"아이들이 놀리잖아요. 부모와 따로 사는 아이라고."

"사람이 다 서로 다르다는 걸 몰라서 그러는 것뿐이야."

"놀림 받는 기분, 얼마나 힘든지 알아요?"

"반 아이들 전부가 널 놀렸니?"

"다섯 명의 무리들이……."

"다른 아이들은? 그 아이들도 전부 널 놀리고 상처 줬니?"

"……, 내 짝꿍은 가져 온 준비물을 내게 잘 빌려줘요. 친하게 지내는 친구들도 있고요. 그치만 속으로는 날 놀리고 있을 거예요. 말을 안 할 뿐이지."

"독심술도 하는구나. 네가 어떻게 다른 아이들의 마음을 그리도 잘 안단 말이냐?"

"빤해요. 나만 노란 체육복을 입었으니까."

"네 생각만이 옳고, 네 추측만이 맞단 거구나. 그게 아상(我相)이란 거다. 그 고집 말이야. 사진 찍을 땐 이런 옷을 입어야 하고, 체육복은 초라한 것이고, 남들과 다른 건 틀린 것이고. 그렇게 부정적인 생각만 붙들고 놓지 못하는 너의 고집을 보렴."

"……"

"너는 독심술사가 아니야. 네가 보고 들은 게 전부가 아니야. 전부기 그리 생각하는 것도 아니야. 그렇다고 믿어 버린 건 너야. 체육복을 초라하다 생각한 것도, 너야."

"아이들이 놀리는 것만 봐도……."

"탓하지 마라. 아이들이 놀리기 전부터 너는 주눅 들어 있었어. 네가 먼저 체육복을 창피해 했다. 네가 먼저 아이들을 의식했어. 그렇지 않니?"

"날 먼저 이상하게 봤어요."

"정말 그럴까? 곰곰이 돌아봐. 무엇이 먼저였는지."

"동시에 그랬는지도 몰라요."

"아이들이 자신의 상(相)으로 널 이상하게 봤다 해도, 네가 너의 상(相)을 짓지 않았다면, 체육복도 깔끔하고 괜찮다고 생각했다면, 이 모든 불편은 일어나지 않았을 거다."

"대단한 욕심을 부리는 것도 아닌데."

"욕심이야. 대단한. 자신이 만든 상(相)이 반드시 옳다고 믿고, 그렇게 되어야만 한다고 하는 욕심. 상황이 내 뜻대로 되어야 한다고 하는 욕심. 그게 그릇된 상(相)이야. 거듭 말하지만 너는 그날 네가 준비할 수 있는 최선의 옷을 골라 입었어. 깨끗하게 빨아서. 네 상황 안에서 최선을 다했다. 다른 아이들의 상황과 네 상황이 같아야만 하는 것도 아니고, 같을 수도 없어. 그걸 알아야 해. 그게 다름이야. 틀림이 아니라."

"다름과 틀림이라고요……."

자기 인정 : 나는 온전한 존재다

"그래. 타인과 너는 달라. 네가 온전히 너를 의식하지 못하고 타인만을 의식할 때 너는 너 자신마저 잃게 돼. 네가 지은 상(相) 안에 갇혀 평생 주눅 든 채 남의 눈치나 보며 살게 된다. 네가 없으니까. 네 안에 네가 없는 한 그 '불편한 마음'도 끝나지 않아."

"그래요. 나는 부모님과 따로 살고 있어요. 그게 현실이에요. 그래서 종종 남들만큼 준비하지 못할 때가 많아요."

"그래. 그렇게 너와 네 상황을 인정해라."

"그렇지만 그게 절 힘들게 해요."

"현실은 현실일 뿐이야. 너와 남은 다를 뿐이고. 옳고 그름이 없는 거야. 그저, 네가 너를 받아들이고 인정할 때 그 불편함은 거짓말처럼 사라지게 된단다."

"어려워요."

"어렵지. 남이 온전히 나를 이해할 순 없어. 네가 남을 온전히 이해할 수 없듯이. 그러나 네가 너 자신을 온전히 이해하는 것은 가능해. 다른 누구에게도 아닌 너 자신에게 이해 받고 인정받는 것. 그때에야 진정 자유로워질 수 있단다."

후우, 큰 숨이 입 밖으로 몰아 나온다.

몸을 돌려 자신의 방으로 걸음을 옮긴다.

한구석에 놓인 옷 서랍장으로 가 살짝 문을 열어 본다.

그날 저녁 숨기듯 구겨 넣어 둔 노란 체육복이 그대로 있다.

작은, 병아리 같다.

{ 귓전에 말하다 }

나는 나를 허용합니다.
나는 모든 것을 허용합니다.
마음을 열고 모든 것을 받아들입니다.

나와 다른 것일 뿐 틀린 것은 없습니다.
나만 다르다 해도 틀린 것이 아닙니다.

나는 나를 허용합니다.
나는 모든 것을 허용합니다.
마음을 열고 모든 것을 받아들입니다.

오늘부터 나는 열린 마음으로 살아갑니다.
그때에 자유와 평화가 따라옵니다.

열린 마음과 허용의 힘은
매순간 자유와 평화를 선물합니다.

자기 인정 : 나는 온전한 존재다

귓전 확언

나는 온전하다

나는 있는 그대로 온전하다

나는 지금 이대로 온전하다.

나는 고요하다

나는 이대로 고요하다

나는 지금 이대로 고요하다.

나는 평화롭다

나는 이대로 평화롭다

나는 지금 이대로 평화롭다.

나는 본래 온전하다

나는 본래 고요하다

나는 본래 평화롭다.

나는 온전한 존재다

나는 온전하다

온전하다.

4

지금, 여기

행복은 본래 내 안에 있다

없는 생활비를 아끼며 돈을 모은다.

그렇게 일 년간 모은 돈으로 통기타를 산다. 곧 중학생이 될 자신에게 적합한 선물이다. 뿌듯하다.

습관처럼 흥얼대던 콧노래에 반주를 깔아 주면 얼마나 멋질까. 방바닥에 앉아 공짜로 얻은 교본을 펼친다.

기타의 목을 조심스럽게 잡는다. 한 줄 한 줄 짚으며 또 한 줄 한 줄 퉁기며 음을 찾아간다. 세상 심각한 표정으로 헛기침을 하고 기타 줄을 만지며 몇 시간을 그러고 있다.

소형 라디오에서 흘러나오는 노래를 따라 부르며 기타를 붙잡고 있자니 제법 노래하는 사람 같다.

눈을 감고 노래의 후렴구를 음미한다.

손으로 기타의 몸체를 탁탁 치며 리듬을 탄다.

"웃고 있구나."

옆방의 그가 마음 안으로 불쑥 들어와 말을 건넨다. 이제 익숙하다.

"그랬나요?"

"입가엔 미소가 끊이질 않고 눈은 반달처럼 웃고 있어."

더욱 웃음이 난다. 키득, 헤벌쭉, 마냥 웃음이 난다 …….

"즐겁니?"

"즐거워요."

"기쁘니?"

"기뻐요."

"행복하니?"

"……"

"행복하지 않니?"

"아니요. 좋아요."

"근데?"

"행복…… 이란 건, 뭔가 큰 거 아닌가요. 거기까지는…….."

"즐겁고 기쁜 것과 행복의 차이가 뭔데?"

"모르겠어요. 그렇지만 더 큰 거예요. 행복은."

"즐겁고 기쁜 상태. 지금 네 마음과 같은 상태를 행복이라고 한단다."

"그렇게 쉽게 가질 수 있는 게 아닌데……."

"누가 그러지? 지금 이 순간. 너는 누가 뭐라 해도 즐겁고 기쁘다. 그렇지?"

"네."

"지금, 이 순간, 기타를 갖게 된 그 마음의 설렘은 네 것이야. 기타를 보고 만지고 느끼는 감촉도 네 것이야. 노래하는 그 목소리도, 충만한 마음도, 다 네 것이야. 고스란히 네 것이다. 누리렴."

"즐거움을?"

"이 순간의 즐거움을. 이 순간을 사는 기쁨을 말이다."

라디오에서 빠른 비트의 노래가 흘러나온다. 자신도 모르게 몸이 리듬을 탄다. 노래를 따라 불러 본다. 즐겁다.

"지금 이 순간이 행복이란다."

"계속 기타만 치고 노래만 하면서 이렇게 살면 좋겠어요. 그럼 평생 행복할 텐데."

"지금 이 순간 행복하다, 라는 감정. 그 감정만 느껴라. 지금만이 현실이고, 사실이니까."

"그래요. 기타만 있으면 이렇게 좋으니까. 노래할 때는 이렇게 즐거우니까."

"조건을 다는구나."

"지금 네가 행복한 건 기타 때문도, 노래 때문도 아니야."

"아니라뇨?"

"네가 그저 행복한 감정을 느끼고 있기 때문이지."

"그러니까, 그게 기타랑 노래 때문이라고요."

"기타가 사라지고 노래가 사라지면?"

흥이 깨진다. 상상하기 싫다. 마음이 무겁다. 어쩐지 불안해진다.

"입가에 웃음이 사라졌구나. 방금 널 웃게 한 순간이 지나고 이제 이 순간, 너는 불안해 하고 있어."

"……"

"지금 이 순간, 너는 '불안한 감정'을 느끼고 있다."

"같은 말이에요."

"다르단다. 행복도 불안도 감정일 뿐이야. 너는 조금 전까지 '행복한 감정'을 느꼈어. 그리고 지금은 '불안한 감정'을 느끼고 있지. 감정이란 그저 지금처럼 올라오고 지나가는 거야. 변화하는 것이다."

"그럼 행복한 순간도 영원하지 않다는 거잖아요. 그게 무슨 행복이에요."

"행복에 대한 상(相)을 짓고 있구나. 모든 것은 그저 '지금, 이 순간'에만 존재하는 거란다. 지금 행복하면 행복한 거야. 지금 불행하면 불행한 거고."

"오르락내리락. 그게 뭐예요."

"감정을 알아차리되, 흔들리지 않으면 돼. 그럼 아까 느낀 네 행복감도 얼마든지 다시 올라올 수 있음을 알게 된다. 반면 불안감도 얼마든지 사라질 수 있다는 걸 알게 되지."

"도무지……."

"그게 '알아차림'이란 거란다."

"알려줘요."

"기타를 치며 기뻤던 그때, '지금 이 순간 내 안에 행복한 감정이 올라오는구나' 이렇게 느끼기만 하면 돼."

"지금 이 순간의 감정……만?"

"그래. 기타 때문에 행복한 게 아니라 지금 이 순간 내 감정이 그렇게 느끼는구나, 라고 이해하렴. 그게 '알아차림'이야."

"순간의 느낌을 매번 어떻게 알아차려요?"

"지금 이 순간을 느낀다는 건, 지금 여기를 산다는 것이다. 늘 지금 여기에 머무르기 위해선 반드시 자신의 감정을 알아차려야 해. 그럴 수 있다면 행복의 느낌은 더 생생해지고, 더 오래, 더 자주 널 찾아올 거야."

"더 오래, 더 자주 행복하고 싶어요."

"기타 없이도, 노래 없이도, 행복할 수 있어. 더 오래. 더 자주. 그러기 위해선 깨어 있어야 해."

"난 지금 깨어 있는데."

"깨어 있음은 '항상 매 순간을 알아차리는 것'을 말한단다. 잠을 잘 때는 의식이 없어서 누가 얼굴에 낙서를 해도 모르지 않니? 그것처럼 평소에도, 네가 말했듯 깨어 있는 순간에 '진정 깨어 있으면'

한상 매순간을 알아차릴 수 있어. '깨어 있음'이란 '지금 이 순간을 놓치지 않는 것'이란다."

"어려워요."

"간단한 방법이 있지."

"어떤?"

"지금도 너는 하고 있어."

"……?"

"숨 쉬고 있잖니. 그렇지? 사람이라면 누구나 숨을 쉰다. 그 숨을 인식하는 거야. 네가 살아 숨 쉬고 있다는 걸."

"숨은 그냥 쉬는 건데."

"그래. 그냥 쉬지. 그래서 모르지. 이제 그걸 인식해 보렴. 가장 쉬운 알아차림의 방법은 '호흡'을 알아차리는 거란다. 얼마 전에 알려준 '숨 쉬기' 기억나니?"

"네. 코로 들이쉬고, 입으로 내쉬고."

"자, 그럼 제대로 해 볼까? 기타를 옆에 내려놓고 편안하게 앉아 보렴. 방바닥에 앉아도 되고, 의자에 앉아도 된다. 방바닥에 앉고 싶으면 양반다리를 하고 앉는 게 좋아. 허리만 살짝 세우고, 시선은 1.5미터쯤 앞을 바라보렴. 눈은 한곳을 지그시 바라보는 거야. 두 손바닥을 위로 향하게 하고 무릎 위에 올려놓아 봐. 배꼽 근처에 모아도 좋고. 눈을 감아도 되고 감지 않아도 된다."

방바닥에 좌선하고 앉아 무릎 위에 양손을 올려놓는다. 손바닥을 위로 향하게 한다.

"자, 이제 입을 닫고 코로만 숨을 깊게, 천천히 들이마셔 봐. 숨을 들이마실 때는 가슴이 아니라 아랫배가 살짝 나오도록 해야 해. 숨이 다 차오르면 천천히 입으로 조금씩 내쉬렴. 입을 크게 벌리지 말고 작게 휘파람을 불듯 천천히. 자 다시 한 번 반복해 보자. 코로 깊게 천천히 들이마시고 입으로 천천히 내쉬어 봐. 이때 혀는 입천장에 자연스럽게 닿게 하렴. 힘은 주지 말고 살짝. 혀를 입안 바닥에 떨어뜨리면 숨이 빨리 나가고 빨리 들어오게 되거든. 혀의 위치가 중요해. 자, 다시 반복해 보렴."

평소의 숨쉬기와 달라 여전히 어색하다.

이게 행복이나 감정, 순간을 사는 것과 무슨 상관이 있는 걸까. "이번엔 호흡할 때 '알아차림'을 해 보자. 숨을 들이마시면서, 코 속으로 바람이 들어오는 걸 느껴 봐. 다음엔 다시 내쉬기 직전 그 찰나의 순간, 호흡이 전환되는 그 순간도 느껴 보렴. 그리고 내쉬면서 그 내쉼을 느껴 봐."

콧속으로 바람이 들어오는 걸 느낀다.

내쉬기 직전 숨이 잠시 멈추는 걸 느낀다.

내쉬면서 입 밖으로 바람이 빠져나가는 걸 느낀다.

"자, 들이마시면서 속으로 '들이마시고'라 말하고, 내쉬면서 속으로 '내쉬고'라 말해 봐."

들이마시며 속으로 '들이마시고'라 말한다.

제1장 희망 의식 찾기

내쉬면서 '내쉬고'라 말한다.

집중이 더 잘되는 것 같다.

"한 호흡이 들어가고 나갈 때 총 세 번의 변화가 있어. 그 변화를 깨어 있는 마음으로 알아차리는 순간이 지금 이 순간에 머무는 가장 좋은 방법이야. 첫 번째는 숨이 들어갈 때 들어감을 알아차리고, 숨이 다 들어갔을 때 잠시 멈추고 숨이 회전하는 일 초 사이를 알아차리고, 숨이 바깥으로 나가는 것을 알아차린다. 들숨, 회전숨, 날숨. 이렇게 세 번의 변화를 인지하는 거지. 반복해서 연습할수록 어떠한 순간에도 깨어 있고 알아차릴 수 있단다."

"어색하지만 아까보다 숨이 편해요. 뭔가 마음도 편안해진 거 같고요."

"그래. 할수록 알게 돼. 나에게 집중하고 호흡을 알아차릴수록 감정의 변화도, 생각의 변화도 감지하게 된다. 그럼 방금 전의 그 행복감의 시간도 더 길어질 거야. 지금 여기를 산다는 건 그런 거란다."

"지금 여기를 산다는 것……."

"기타가 없어도, 노래가 없어도 너는 행복할 수 있어. 그건 행복이라는 '감정'이었으니까. 감정은 어떤 계기로든 다시 올라올 수 있고, '지금 여기'도 수없이 연속되는 거니까 말이야."

"그래도 전 노래가 좋고 기타가 좋아요."

"좋은 걸 찾았으니 얼마나 행복한 일인가. 본래 네 안에 있던 행복이란 감정이 더 자주 올라오겠구나. 축하한다."

"행복이라는 감정⋯⋯."

"그래. 그게 중요해. 지금 이 순간, 여기에 머무는 것. 그때의 기분이나 감정은 그저 '감정'이라는 것. 행복은 본디 네 안에 이미 있던 것이지, 무언가로 인해 탄생한 것이 아니라는 것, 말이다."

"내 안에 원래 있던 행복. 그리고 '감정'은 '감정'일 뿐."

그의 말을 곱씹으며 눈을 뜬다.

바닥에 놓여 있는 기타를 본다.

무릎 위에 놓여 있는 자신의 빈 손바닥을 본다.

기타와 손바닥을 번갈아 가며 본다.

기타를 잡고 싶은 마음을 잠시 늦추어 본다.

좋아하는 것을 쥐고 있지 않아도 행복감을 얻을 수 있다면⋯⋯.

눈을 감는다. 코로 깊게 숨을 들이마신다.

콧속으로 바람이 들어온다.

내쉬기 직전 숨을 잠시 멈춘다.

입으로 천천히 숨을 내쉰다.

바람이 스르르 빠져나간다.

﹛ 귓전에 말하다 ﹜

깨어 있음이란
주변에서 일어나는 일들을
매 순간 온전히 알아차리는 것입니다.
지금 현재에 머무르는 것입니다.

깨어 있는 마음이 되면
나 자신에게 변화가 일어나고
내 주변의 사람들, 내가 하고 있는 일들이
조화를 이루게 됩니다.
내 자신을 인지하고 이해하고 수용하게 됩니다.

다스리기 힘든 에고(EGO)를 떨쳐 내는
가장 쉬운 방법은 호흡입니다.

호흡은 당신의 생각을 멈추게 합니다.
휴식을 줍니다.
쉼을 줍니다.

가장 편한 숨을 들이 마시고 내쉬며
호흡하는 그 순간에만 머무르세요.

호흡에 온 마음을 집중합니다.
어느새 당신은
지금, 여기에 존재하고 있습니다.

호흡에 온 마음을 집중합니다.
어느새 당신은
지금, 여기를 살고 있습니다.

귓전 확언

과거는 이미 지나갔고
미래는 아직 오지 않았다.

과거는 이미 지나갔고
미래는 아직 오지 않았다.

확실한 건
내가 지금 존재하고 있다는 것뿐.
내가 지금 여기에 머물고 있다는 것뿐.

또 확실한 건
내가 지금 존재하고 있다는 것뿐.
내가 지금 여기에 머물고 있다는 것뿐.

나는 오로지 지금 이 순간에 있다.
지금 이 순간만이 전부다.

지금 이 순간만이 전부다.

지금이 전부다.

5

비교

내 안에 이미 답이 있다

··

고등학교 졸업식이다.

늘 그렇듯 가족 없이 혼자다. 익숙하다.

세 번의 졸업식을 혼자 치르며 머쓱한 마음을 들키지 않는 법도 배운 것 같다. 제법 웃음도 지어 보일 줄 안다.

가족들에게 둘러싸인 친구들 사이를 가로지르며 평소 앉아 쉬던 느티나무 쪽으로 가 걷는다.

뭐, 이쯤……. 나무 옆 의자에 앉아 신발 코로 바닥의 흙을 쿡쿡 찌른다.

고개를 들어 하늘을 본다. 구름 한 점 없이 맑다. 차가운 바람이 뺨을 스친다. 시원하다.

햇살은 밝고 친구들의 손에 들려 있는 꽃다발은 화사하다.

입술 끝을 이빨로 살짝 깨문다. 잘근잘근 씹었다가 놓는다. 손으로 머리를 쓸어 올린다. 손가락으로 머리카락을 흩뜨려 본다. 날씨가 왜 이렇게 좋을까…….

"또 상(相)을 짓고 있구나."

그의 음성이 기다렸다는 듯 튀어나온다.

"뭐에 대한?"

"지금 보고 듣고 처한 모든 것에 대한."

"와 주는 가족 없이 혼자 치르는 졸업식 따위, 이제 아무렇지 않아요."

"정말 아무렇지 않아?"

"그냥 그런 거죠, 뭐. 딱히 좋을 건 없지만. 그냥 그래요. 뭐, 별로."

"불편한 마음을 갖는 것보다, 그 마음을 억누르고 감추는 게 더 좋지 않아."

"괜찮아요. 이만하면."

"이만하면?"

"이 정도 기분이면."

"'이 정도 기분'이 어떤 건지 말해 봐."

"아, 그냥 이 정도."

헌승은 손으로 머리카락을 더 헝클어 버린다. 왜 집요하게 묻는가. 이 정도면 그래도 괜찮다는데.

"그래도 괜찮나는 마음은 괜찮지 않은 마음이다."

"굳이 들춰 낼 정도는 아니라는데. 왜……."

"너는 너만의 상(相)을 짓고, 그 상(相)에 대한 마음에 또한 상(相)을 짓고 있다. 그래서는 영원히 벗어날 수 없어."

"졸업식은 이제 끝났어요. 내 인생에서 더 겪을 일도 없고, 벗어나려 하지 않아도 이제 끝났다고요."

"벗어날 수 없어."

"무슨 말이에요?"

"지금 그 마음에서. 그 비교하는 마음에서 벗어날 수 없어."

"……"

"지금 네 옆에 없는 가족, 네게 없는 맵시 있는 옷, 네 손에 들려 있지 않은 꽃다발. 졸업식에 대한 너의 기준은 여전해. 그게 네가 갖고 있는 상(相)이야. 그것에 대해 '슬프다'고 말하던 어린 시절의 너는 그래도 네 감정에 솔직했다. 받아들였어. 지금은 그 감정을 누르고 감추고 있잖아. 거기다 비교하는 마음까지 품고 있지. 비교에는 기준도 없어. 그저 저들보다 내가 어떻다는 마음, 저들에 비해서 나는 어떻다는 마음들. 지금 너는 그 속에 있지 않니."

"익숙해졌으니 된 거라 생각해요. 슬프지도 않고 그저 좀 씁쓸하달까, 쓸쓸하달까, 그 정도면 된 거죠."

"따라해 봐라. 내가 지금 씁쓸한 감정을 느끼고 있구나, 쓸쓸한 감정을 느끼고 있구나, 라고."

그까짓 거, 하며 순순히 따라한다.

"나는 지금 좀 씁쓸한 감정을 느끼고 있구나. 쓸쓸한 감정을 느끼고 있구나."

말하고 나니 목구멍까지 무언가 치받아 온다.

큰 한숨이 터져 나온다.

한데 입으로 감정을 뱉고 나니 순간 일었던 격정이 어찌된 일인지 좀 가라앉는 것도 같다.

"비교하는 마음이 올라올 때 알아차려야 한다. 휩쓸리는 순간 걷잡을 수 없는 나락으로 추락하게 돼."

"상(相)을 짓지 않으려고 나름대로 노력한 건데……."

"그게 잘 안 되어 네 마음을 차라리 모른 체하려 했지. 알아차려라. 내가 비교하고 있구나, 라고."

"내가 비교하고 있구나……. 이런 내가 싫군요."

"사람은 누구나 타인과 자신을 비교해. 너만 그런 게 아니야. 타인과 나를 구분하는 마음에는 이미 비교심이 들어가 있어. 부족감, 부러움, 시기심, 질투, 자학, 자만. 이런 감정들은 비교와 연결되어 있다. 물론 비교를 통해 인간은 이만큼 성장해 오기도 했지."

"그럼 자연스러운 거잖아요. 내버려둬도."

"끝없이 타인과 나를 견주고 비교한다면 어떻게 될까? 비교는 할수록 끝이 없어. 그 마음은 상대적인 거라서 보다 나은 대상이 나타나는 순간마다 무너질 수밖에 없지. 모든 것에서 모든 것을 견준다

먼 지옥이 바로 없을 거야."

"나만 세상에 홀로 존재하는 게 아니에요. 어쩔 수 없죠."

"어쩔 수 있다."

"어떻게?"

"내 주변에 타인이 존재하는 한 지속되는 감정이라면 평생 고통 속에서 허덕이며 살 수밖에 없겠지. 그러나 비교의 근원은 '타인'이 아니라 '나'야. 비교 대상이 있어서가 아니라 네 안에 이미 잠재되어 있는 '부족감'이 원인이다. 네가 결핍되어 있다고 믿는 그 부분들에 대해서 비교가 올라와. 그렇지 않니?"

"……"

"가진 것에 대한 부족감, 채우려는 욕심과 욕망이 사라지지 않는 한 너는 타인을 보며 끝없이 갈증을 느낄 거야. 타는 목마름. 마셔도 마셔도 적셔지지 않고, 채워도 채워도 채워지지 않는 비교의 고통 말이다."

"그러니 그런 상황을 애써 무시하려 했어요."

"그럴 것 없어. 말했듯 자연스러운 거니까. 그저 인정하고 받아들여라. 만약 비교할 대상이 그래도 있어야겠거든, 그저 너 자신밖에 없다는 걸 기억해."

"나 자신요?"

"그래. 너 자신. 더 정확히 말해 줄게. 어제의 너와 오늘의 너를 비교하는 것도 사실은 무의미해. 오늘의 너는 그저 어제와 다른 너니까. 그럼에도 비교의 마음이 올라오거든 차라리 너 스스로를 대상으로 하라는 말이다. 그만큼 비교는 무의미하단다."

"지당한 말 같지만 나는 항상 어떤 환경 속에, 어떤 상황 속에, 어떤 사람들 속에 처해져요. 내 부족함이 느껴질 때 나 자신의 무엇과 비교하라는 건지…… 막연한데요."

"시대에 따라, 환경에 따라, 상황에 따라, 사고방식에 따라 우월함의 기준이 다르단다. 화가들이 그린 미인도나 작가들의 사진을 본 적 있지 않니? 풍만한 육체의 여성이 어느 때엔 미의 기준이었다가 깡마른 육체의 여성이 미의 기준이 되었다가 탄탄한 근육질의 육체가 미의 기준이 되었다가……, 변화무쌍하지. 누군가는 명예를 좇고, 누군가는 부를 좇고, 누군가는 권력을 좇는다. 모든 걸 다 구하기도 하지. 구하면 그 위가 보이고, 그걸 구하면 또 그 위가 보여. 그래서 끝없는 갈증이고 고통인 거야. 그렇게 살고 싶니?"

고개를 세차게 젓는다.

언제나 갈증에 허덕였고, 채워지지 않았다.

"스스로 부족하다는 생각, 그것만 흘려보내렴. 너는 너 자체로 이미 온전한 존재니까."

"온전하다고요?"

"그래. 온전하다. 너는 어떤 존재와도 비교 대상이 될 수 없어. 어느 누구도 너를 대신할 수 없어. 너는 세상에 단 한 존재야. 오로지 너는 너뿐인 거야. 그 이유만으로 너는, 지금, 그대로, 온전하다."

˝나는 온전하다…….˝

"알아차려라. 매순간을 탐구하는 마음으로 자세히 뚜렷이 살펴봐. 마음은 내가 방심하는 순간마다 이리저리 방랑을 떠나곤 해. 검은 선글라스를 아무리 닦아도 그걸 쓰면 세상이 검어 보이지. 그럴 땐 선글라스를 벗어 버려야 해. 그래야 세상이 제 색으로 보일 테니까.

"비교의 눈으로 보지 말란 거군요."

"그래. 너를 하나의 존재로 바라보렴. 부족하지도 넘치지도 않는 있는 그대로의 너. 그렇게 '존.재.함'을 말이다."

"나는 존재하고 있어요."

"맞다. 어떠한 세상, 어떠한 대상, 어떠한 존재를 만나더라도 개의할 게 없다. 너로서 이미 온전하니까. 너는 너로서, 이미, 온전한 존재니까."

한 손바닥을 가슴께에 올린다.

이상하다.

뭉클하다.

"감사함이야. 존재함에 대한 감사."

다른 한 손도 올려 손 위에 포갠다.

"내가 온전하다니……."

"그래. 너는 지금 그대로 온전하다."

차가운 바람이 등 뒤에서 불어와 머리카락을 흩뜨리고 지나간다.

바람이 오는 방향으로 몸을 돌린다.

바람을 맞는다.

부딪힌다.

개의하지 않는다.

서로, 존재할 뿐이다.

(귓전에 말하다)

명상을 하는 이유가 무엇일까요?
마음을 쉬기 위해서입니다.

명상을 하는 이유가 무엇일까요?
바쁨에서 벗어나기 위해서입니다.

명상을 하는 이유가 무엇일까요?
괴로움에서 벗어나기 위해서입니다.

괴로움은 어디에서 오는 것일까요?
행복하지 못하다는 생각에서 옵니다.

언제 행복하지 못하다고 생각할까요?
'내가 남과 비교해서 부족하다'라고 생각할 때입니다.

남과 비교하는 순간 괴로움이 올라옵니다.
행복하려면 남과 비교하지 않아야 합니다.

비교 : 내 안에 이미 답이 있다

비교하지 않으려면 어떻게 해야 할까요?

내가 나를 이해하면 됩니다.

내가 나를 인정하면 됩니다.

내가 나를 존중하면 됩니다.

지금 바로 감사하면 됩니다.

나에게 주어진 모든 것에 감사하면 됩니다.

지금 이대로의 나를 아끼고

지금 이대로의 나를 보듬고

지금 주어진 삶에 감사한 것을 찾습니다.

나는 지금 그대로 온전합니다.

그 어떤 존재와도 비교할 수 없는

이 세상에 단 하나뿐인

나는 귀한 존재입니다.

비교 : 내 안에 이미 답이 있다

귓전 확언

나는 나를 이해한다.

나는 나를 인정한다.

나는 나를 존중한다.

나는 매 순간 만족한다.

나는 매 순간 감사한다.

나는 지금 이대로 온전한 존재다.

나는 지금 이대로 사랑의 존재다.

나는 지금 이대로 감사한 존재다.

어떠한 상황에도 나는 나를 사랑한다.

어떠한 경우에도 나는 나를 사랑한다.

지금까지 잘 살아온 나에게 감사한다.

나는 이 세상에 단 하나뿐인 존재다.

나는 이 세상에 단 하나뿐인 귀한 존재다.

나는 이 세상에 단 하나뿐인 나를 사랑한다.
나는 이 세상에 단 하나뿐인 나를 사랑한다.

나는 이미 충분하다.
나는 이미 모든 것이다.
이 모든 것이 바로, 나다.

제2장
·················

희망 의식과의 만남

1

희망의 파동

생각이 사라진 그 마음자리가 희망이다

완연한 봄.

대구 동성로 시가지의 한 모퉁이에 서서 기타를 치고 있다. 사람들이 흘끗 보고 지나간다. 개의치 않고 노래를 부른다. 일어나, 일어나, 다시 한 번 해 보는 거야…… 일어나, 일어나, 봄의 새싹들처럼……. 매일처럼 부르는 김광석의 '일어나'는 하얀 벚꽃과 함께 시가지 위를 부유하다 어느 곳인가에 내려앉는다.

다음 곡을 찾아 잠시 멈칫하는 사이, 노래하느라 텅 비어 있던 머릿속으로 생각이 비집고 들어온다.

옆에 놓인 모금함을 본다. '소년소녀가장 돕기'라고 쓰인 글씨를 본다. 오늘은 모금이 시원치 않다.

플라스틱 의자에 앉아 스탠딩 마이크를 낮춘다.

이십대 중반인 지금까지 십여 년을 함께해 온 통기타의 낡은 모서리를 만지작거린다.

기타 줄을 두어 번 퉁기다가 다시 노래를 부른다.

머릿속의 잡념이 사라져 간다.

보도블록 위로 어둠이 내려앉는다.

가로등이 켜진다.

벚꽃이 불빛을 받아 눈꽃이 된다. 이만한 무대가 또 있을까.

소리 없이 다가온 백발의 할머니가 모금함 옆에 바나나 우유를 슬그머니 내려놓는다. "할머니, 오늘도……. 참, 정말 고맙습니다." 헌승의 인사를 받는 둥 마는 둥, 서둘러 끌고 온 리어카로 돌아가 종종걸음으로 가던 길을 간다. 리어카 위에는 폐지가 가득하다.

"위로가 된다." 처음 우유를 건네던 날 할머니는 말했다. 또 누군가는 '팬'이 되어 주었고, 누군가는 격려도 해 주었다. 시끄럽다는 주민의 신고를 받거나 쫓겨나는 일도 허다했다.

저 멀리 할머니의 리어카가 삐거덕대며 굴러가고 있다.

매번 이렇게, 힘들게 번 돈으로 사 준 우유를 마셔도 되나 싶다.

"마셔야지. 그럴수록 맛있게."

목구멍으로 한 모금 한 모금 우유를 넘기며 그의 말을 듣는다.

"그 우유는 할머니가 네게 건넨 하나의 파동이야."

"파동?"

"네 노래가 먼저 할머니의 마음을 울렸어. 하루를 마감하며 집으로 가는 길, 네 노랫소리는 고단한 할머니의 몸과 마음에 위안이 되곤 했다."

"그럴까요?"

"네게 우유를 건네주셨지 않니. 마음의 울림이 되돌아와 다시 네 마음에게로 온 거야."

"전해지는 거구나……."

"노래는 진동이니까"

"진동요?"

"노래 뿐 아니라 존재하는 모든 것에는 고유의 진동이 있어. 양자입자가 만드는 진동. 장(場)이나 전류의 방향과 같은 것 말이다. 전기장(電氣場)이나 자기장(磁氣場) 같은 것. 중요한 건 존재하는 모든 것에는 그 고유의 진동이 있다는 거야."

"보이지 않아요."

"전기가 눈에 보이니?"

"아뇨."

"하지만 존재하지."

"그렇군요."

"파동은 진동이 주변으로 멀리 퍼져 나가는 걸 말해."

"파동의 힘이 더 크군요."

"그렇지. 전기장(電氣場)이나 자기장(磁氣場)의 진동이 주변으로 퍼지면 전자기파(電磁氣波)가 된다. 그 파장의 세기에 따라 엄청난 위력을 갖기도 하지. 잔잔한 강물에 조약돌을 던진다고 상상해 봐. 돌이 물 위에 닿으며 바닥으로 내려갈 때, 돌이 닿았던 강물의 표면에 물결이 생기지. 그 결이 점점 퍼져 나가는 모양, 그러한 현상이 파동이란다. 네가 강물 위로 던진 노래가 하나의 진동에 머물지 않고 할머니에게로 가 물결 같은 파동을 만든 거야. 네 노래로 모금함이 채워지고 그것이 소년소녀가장들의 삶에 보탬이 되는 건 더 큰 파동인 거지."

"그리 큰 도움이 되고 있진 못해요……."

머리를 긁적인다. 바닥에 찰랑거릴 모금함 속의 동전이 떠오른다.

"모르고 있을 뿐이야. 지금도 퍼져 나가고 있는 그 파동의 힘을."

"……"

"음악은 아주 강력한 파동의 에너지다. 좋은 파동의 음악은 몸과 마음뿐 아니라 영혼까지 치유해. 가장 좋은 음악은 자연의 소리야. 빗소리, 파도소리, 새소리, 바람소리, 물소리, 나뭇잎이 흔들리는 소리들 말이다. 듣기만 해도 몸과 마음이 치유되고 편안해지고 고요해지지."

"상상만 해도 좋군요."

"좋은 음악의 파동은 아픈 몸의 세포도 본래의 희망 세포로 되돌려 주는 힘이 있어."

"난 그냥 노래가 좋아서, 노래할 땐 생각이 사라져서 불렀을 뿐인데. 이왕이면 누군가에게 도움이 되고도 싶었고요."

"그게 네 노래가 가진 힘의 원천이란다."

"……"

"생각이 사라진 그 마음자리로 노래를 하기 때문이야. 생각이 사라진 자리에는 엄청나게 큰 희망의 파동이 일어나거든. 무념의 마음으로 부른 노래가 희망의 파동을 만드는 힘의 원천이다."

"생각이 사라진 마음자리……."

"그래. 생각이 사라진 그 자리가, 진짜 네가 드러나는 자리야. '희망 의식' 말이다. 네가 사라진 그때에 진정한 네가 나타나는 거야. 그 순간의 노래는 엄청난 파동을 만든단다. 희망의 파동."

"희망의 파동."

"그래, 희망의 의식."

"희망의 의식."

"그래, 희망의 울림."

"희망의 울림."

"그래, 희망의 노래."

"희망의 노래……. 그래요. 노래할 이유가 더 뚜렷해졌어요."

가로등 불빛이 따스하다.

이만 한 무대가 또 있을까.

종일 어지럽게 흩날리던 벚꽃들이 가 앉은 자리를 본다.

상가의 입간판 위에, 노점상들의 가판 위에, 벤치 위에, 보도블록 위에, 모금함 위에, 기타 사방 위에.

바람을 타고 와 앉은 꽃잎들이 또 다른 바람을 타고 일어난다. 휘날린다.

어딘가로 가 내려앉는다.

희망의 파동 : 생각이 사라진 그 마음자리가 희망이다

〔 귓전에 말하다 〕

당신은 하나의 진동입니다.
진동에 울림이 있을 때
진동에 머물지 않고 파동이 됩니다.
그 파동은 한계 없이 무한히 퍼져 나갑니다.

당신의 생각은 하나의 진동입니다.
그 생각에 울림이 있을 때
진동에 머물지 않고 파동이 됩니다.
그 파동은 한계 없이 무한히 퍼져 나갑니다.

당신이 생각한대로 당신은 무한히 퍼져 나갑니다.
당신이 원하는 대로 당신은 무한히 퍼져 나갑니다.
당신이 마음먹은 대로 당신은 무한히 퍼져 나갑니다.

어떤 생각의 진동을 만드시겠습니까?

귓전 확언

나의 생각은 진동이다.
나는 생각은 파동이다.

나의 말 한마디는 진동이다.
나의 말 한마디는 파동이다.

나의 행동 하나도 진동이다.
나의 행동 하나도 파동이다.

나는 감사의 진동이다.
나는 희망의 진동이다.

나는 감사의 파동이다.
나는 희망의 파동이다.

나는 감사의 존재다.
나는 희망의 존재다.

나의 의식은 희망이다.

나의 본성은 희망이다.

나의 본질은 희망이다.

나의 모든 것은 희망이다.

나는 희망 의식이다.

나는 희망이다.

2

말 씨앗

말하면 현실이 된다

∙∙∙∙∙∙∙∙∙∙∙∙∙∙∙∙∙∙∙∙∙∙∙∙∙∙∙∙∙∙

비가 추적추적 며칠째 이어지고 있다.

어깨에 짊어진 오 킬로그램 쌀 한 포대와 기타 가방은 빗물을 맞아 척척하다. 우비 안으로도 빗물이 스며든다.

아이들에게 줄 치킨이 젖지 않도록 꽉 묶은 비닐을 움켜쥐고 비탈길을 오른다.

소년소녀가장들을 위한 임대아파트는 그 길 왼쪽 언덕배기에 들어서 있다.

페인트칠이 벗겨진 그네와 시소를 지나 건물 입구에 선다.

한 달간 거리에서 모금한 돈은 오십만 원. 한 달에 한 번 한 가구당 쌀 오 킬로그램 한 포대와 피자와 치킨 한 봉씩, 총 열 가구에 나

뭐 줄 수 있는 금액이다.

4층 3호실 창문을 올려다본다.

오늘은 열두 살 은우와 아홉 살 은선이 남매가 사는 집으로 간다. 반겨줄 아이들을 생각하니 설렌다.

흘러내린 쌀 포대를 어깨 가운데로 고쳐 얹고 계단을 오른다. 벽에 닿을 때마다 갈라진 벽 사이에 낀 시멘트 가루가 후드득 부시지며 떨어진다. 촘촘한 복도를 지나 연탄이 몇 장 쌓여 있는 403호 문앞에서 벨을 누른다.

기다릴 새도 없이 문이 열린다.

두 남매가 현관 앞으로 쪼르르 와 서 있다.

은선이가 헌승의 손에 든 치킨 봉지를 잽싸게 낚아챈다. 열두어 평쯤 되는 방 한가운데 내려놓고 냅다 펼친다.

은우가 쌀 포대를 내려놓는 헌승에게 손을 빌려주고 싶어 주춤주춤 맴을 돈다.

"은우도 치킨부터 먹어." 녀석의 엉덩이를 손으로 툭툭 차며 밀어내지만 기어이 기타 가방을 받아 방 안으로 가져간다.

쌀통과 냉장고 안, 찬장 안을 열어 보며 부족한 게 없는지 살피는 동안에도 은우가 주위를 서성거린다.

쓰레기통에 쌓여 있는 라면 봉지와 다 쓴 부탄가스 통을 본다. 챙겨야 할 것들을 작은 수첩에 적으며 은우를 본다.

"저번에 치킨 먹고 싶다고 했잖아." 녀석의 등을 밀며 치킨 앞으로 간다. "자, 아저씨도 먹을게. 같이 먹자. 응?" 치킨다리를 내밀자 그제야 맘 놓인다는 듯 받아먹는다. 눈치를 배웠구나, 가슴 한 편이 아려 온다.

"학교 준비물은 잘 해 가고 있니? 필요한 거 있으면 미리 말해. 구해 줄 테니." 은우의 정수리를 토닥대며 당부한다.

은선이가 기름 잔뜩 묻은 입으로 "응!" 고개를 끄덕이며 웃는다. 시큼한 무를 집으려다 방바닥에 떨어뜨린다.

은우가 빼주름한 눈초리로 은선이를 본다.

"은우, 요즘 무슨 일 있니?" 슬쩍 물어보지만 답이 없다.

빗줄기가 창문을 거세게 두드린다. 이번 장마는 유난히 길다.

거리 모금을 할 수 없으니, 아이들은 어쩌나. 염려가 꼬리를 문다. 내 코도 석 자구나. 생계를 위해 라이브 카페를 전전하며 오디션을 보러 다니지만 녹록치 않다. 막막하다.

일어나 창가로 간다.

유리에 붙은 빗물이 아래로 주르륵 흘러내린다.

"괜찮다. 자연스러운 감정이야."

그가 헌승의 마음을 다독인다.

"불안한 감정이 올라오네요."

"그래. 잘하고 있구나. 불안하다, 가 아니라 불안한 감정이 올라오는구나, 라고 말해라. 그렇게 알아차려라."

"은우의 마음이 전해져요. 녀석도 불안하겠죠."

말 씨앗 : 말하면 현실이 된다

"혼자 지내 왔으니 너도 잘 알겠지. 어린 가장으로 산다는 게 어떤 건지."

"알죠. 그래서 소년소녀가장들을 돕는 거죠. 제 앞가림도 못하는 주제에…….."

"중요한 걸 간과하고 있구나."

"무얼요?"

"감사함."

"……."

"저 쌀과 치킨은 누구의 돈으로 산 것일까?"

"많은 분들의…….."

"그래. 네가 거리에서 노래를 하고 모금을 했기 때문만은 아니야. 노래를 들어 주고, 성금을 내어 준 사람들이 없었다면 지금처럼 아이들에게 쌀과 치킨을 나눠 줄 기회조차 가져 볼 수 없었어."

"네. 감사한 일이에요. 정말로. 그런데 긴 장마에 거리 모금을 할 수가 없게 생겼으니 이제부터 걱정이죠."

"감사함을 얼마나 깊이 느꼈는지 돌아봐라."

"깊이 감사하고 있어요."

"모금한 돈으로 아이들에게 먹을거리를 건네주고, 아이들이 맛있게 먹고 있는 '지금 이 순간' 말이다. 사람들이 보태 준 정성과 마음이 가장 빛을 발하고 있는 지금 이 순간에 너는 무얼 하고 있니? 오롯이 감사함으로 가득해야 할 순간에 말이다."

"지속 가능하게 하려고, 미래를……. 그래요, 불안에 휩싸여 있어요."

"불안함은 자연스러운 거야. 괜찮아. 생존 본능이니까. 다만 그걸 이길 수 있는 힘은 감사함에 있다는 걸 알아야 해."

"……"

"저 원시시대, 동굴 안에 살던 우리의 선조들은 언제 침입해 올지 모를 맹수의 습격에 대비해야 했어. 먹을 것을 구하러 다닐 때도 사방에서 무엇이 달려들지 몰라 신경을 곤두세워야 했지. 더위와 추위와 비바람을 피해야 했고, 태풍과 천둥, 벼락에 노심초사했어. 당연히 살아남기 위해 가장 먼저 발달한 감각은 교감신경이야. 불안할때 켜지는 신경이지. 이게 제대로 작동하지 않으면 도망가야 할 때 도망가지 못하고, 싸워야 할 때 싸우지 못해. 불안은 우리의 생존을 위한 필수 감각이고 감정이란다. 뇌가 그렇게 진화해 왔어. 그러니 가장 자주 드는 감정이고 생각인 건 당연한 거야."

"그래요. 시도 때도 없이 올라오곤 해요."

"그렇다고 짐승의 습격이 지나가고 난 뒤에도, 평화로운 상황에도, 계속 교감신경을 작동시키며 불안한 감정을 느낀다면 어떻게 될까? 스트레스에 지쳐 나가떨어지게 될 거야. 그래서 뇌는 부교감신경도 발달시켰지. 긴장을 이완시키고 마음을 안정시키는 평화신경이야. 지금, 모금한 성금으로 아이들과 소중한 시간을 보내고 있는 이토록 한가로운 때에 작동해야 할 감각이란다."

말 씨앗 : 말하면 현실이 된다

"마음과 생각이 따로 움직이네요."

"그렇게 불안이 가시지 않을 때, 불안이 올라올 때, 그것에 함몰되지 않기 위해 '감정이 올라옴'을 알아차려 봐라."

"알아차렸죠. 불안한 감정이 올라오는구나."

"그 다음이 있어."

"뭔가요?"

"감사합니다. 라고 입으로 소리 내어 말하는 거야."

"감사함을 느끼는 게 먼저 아닐까요."

"말로 먼저 뱉어 봐. 감사합니다, 라고."

"감사합니다."

"그래, 그렇게. 뱉어 버린 그 말은 마음 바닥에 뿌린 씨앗과 같단다. '말 씨앗'인 거지."

"말 씨앗?"

"불안한 생각을 놔두면 가지에 가지를 뻗어 복잡하게 얽힌다. 그럴 때 바로 감사한 것들을 찾아 봐. 지금 나에게 감사할 것이 무엇인가? 찾아보는 거지. 그리고 그걸 입으로 말하는 거야. 생각해 봐라, 지금 네게 감사한 것들을."

"은선이가 치킨을 맛있게 먹어 줘서 고마워요. 은우의 키가 부적 자란 것도. 쌀을 가져다 줄 수 있어서도. 다른 아이들 집에도 이렇게 가져다 줄 거고. 그럴 수 있게 도와주신 분들 덕분에. 아, 감사하네요."

"그 감사함을 충분히 ㄴ껴 ㅂ."

"네. 보답해야겠어요."

"그게 감사함의 힘이다. 불안은 '부족함'에 대한 감정이지. 감사는 '채워졌음'에 대한 감정이야. 지금 감사한다는 것은 이미 채워졌음을 느끼는 마음이다. 그러니, 그 충만감이 같은 파동의 감사를 부르는 것은 당연해. 채워졌음에 감사하니 불안이 들어설 자리가 없는 거지."

"불안에 잠식되어 그런 생각이 미처 들지 못할 때에도, 일단 감사합니다, 라고 말하라는 거죠?"

"그래. 말은 생각보다 힘이 세. 말이 마음속에 씨앗을 뿌리면, 그 씨앗이 단단한 나무로 자란다. 밥을 두고 한 실험을 본 적 있니? 갓 지은 쌀밥 두 그릇을 두고 한 밥에는 '사랑해, 고마워'라고 적힌 종이를 깔아 두었지. 다른 밥에는 '미워해. 불안해'라고 적힌 종이를 두었고. 열흘이 지나고 다시 보았을 때, '사랑해 밥'에는 고운 누룩이 하얗게 피어 있었어. '미워해 밥'에는 곰팡이가 까맣게 덮여 있었고. 두 잔의 물 컵에 같은 방식으로 실험한 결과도 비슷했어. '감사합니다'를 써 붙인 물 분자는 아름다운 육각형의 결정을 만들었고, '망해라'를 써 붙인 물 분자는 거칠고 불규칙했지. 생명이 있는 모든 존재에게 뿌린 감사의 말은 씨앗이 되어 열매를 맺는다."

"티브이 화면에서 본 적 있어요."

"암 환자들에게 하루 천 번 이상 '감사합니다'를 말하게 하고 글로

말 씨앗 : 말하면 현실이 된다

쓰게 한 환자와 그렇지 않은 환자의 회복 속도가 크게 달랐다고도
하지."

"몸속의 살아 있는 세포들도 들었겠죠. 그 말을."

"그래. 불안이 올라오고, 부정적인 생각과 걱정에 사로잡힐 때마
다 말 씨앗을 자신에게 뿌려라. '감사합니다'라고."

"감사합니다."

"말하면 그대로 된다. 말에는 기적이 따른다."

"기분이 나아지고 있어요."

"말 씨앗을 뿌리고, 그 씨앗의 힘을 믿어야 해. 감사의 씨앗은 반
드시 더 큰 감사로 네게 돌아온다."

"감사합니다. 모든 것에."

"지금 그렇게 불안을 감사의 말로 바꾸는 것이 네 현재를 당장 변
화시킬 수 있는 가장 빠른 길이야. 현재가 변하면 미래도 변하겠지.
감사한 일을 생각하면 감사한 일들로 가득해진단다.

걱정 투성이일 때, 지금 내가 바로 '감사합니다. 살아 숨 쉬고 있는
것만으로도 감사합니다.' 말해 버리는 순간 말 씨앗이 저절로 뿌려
져 버려. 멋지지 않니?"

"감사할 게 생각나지 않을 때에도?"

"말부터 해 봐. 감사하다고. 그러면 무수히 많은 '감사함'들이 떠
오를 거야. 따라해 봐. 지금 나의 심장이 힘차게 뛰고 있음에 감사합
니다."

"지금 나의 심장이 힘차게 뛰고 있음에 감사합니다."

"지금 살아 있음에 감사합니다."

"지금 살아 있음에 감사합니다."

"지금 숨 쉴 수 있음에 감사합니다."

"지금 숨 쉴 수 있음에 감사합니다."

"두 눈으로 비 오는 풍경을 바라볼 수 있음에 감사합니다."

"두 눈으로 비 오는 풍경을 바라볼 수 있음에 감사합니다."

"지금 내게 있는 모든 인연들에게 감사합니다."

"지금 내게 있는 모든 인연들에게 감사합니다."

"내가 지금, 여기 존재하고 있다는 엄연한 진실에 감사합니다."

"내가 지금, 여기 존재하고 있다는 엄연한 진실에 감사합니다."

창밖을 본다.

놀이터 옆 플라타너스 나무는 온 가지를 하늘로 뻗어 비를 마시고 있다. 흙도, 대기도, 풀잎들도.

헌승은 돌아서서 경쾌한 어조로 남매에게 묻는다. "얘들아, 이 치킨은 누가 선물해 준 걸까?"

은선이가 검지로 헌승을 가리킨다. "아저씨!"

"땡!" 하며 손을 젓자 은우가 고개를 갸웃거린다.

"너희를 사랑하는 많은 사람들. 아저씨에게 대신 선물 전해 달라고 심부름 시켜 준 아주 많은 사람들. 그분들이 너희를 지켜보고 있어. 느껴지니, 그 마음들이?"

"우릴 지켜보고 있다고요? 어디에서?" 은우가 진지한 눈으로 묻는다.

"각자의 자리에서. 자신의 삶을 살아가면서도 잊지 않고 은우를, 은선이를 기억하고 지켜봐 주시지. 이렇게 쌀을 보내 주고 치킨을 보내 주고 때론 피자를 보내 주고 준비물을 보내 주지. 그럴 수 있는 돈을 보태 주지. 아저씨는 그걸 배달하는 배달부야. 희망 배달부."

"희망 배달부?" 은우가 따라한다.

"그래. 아저씨가 희망을 배달할 수 있게 해 준 그분들에게 우리, 감사합니다, 라고 말해 볼까? 응?" 헌승이 아이들을 둘러본다.

"감사합니다. 아줌마, 아저씨." 은선이는 망설임이 없다.

쭈뼛거리는 은우의 옆구리를 쿡, 찌르자 "감사요." 쑥스럽게 뱉는다.

"그래. '감사합니다', 말하니 더 감사해진다. 그렇지 않니?" 말이 떨어지기 무섭게 은선이가 대뜸 말한다.

"치킨 감사! 치킨 무 감사! 콜라 감사! 아, 나무젓가락 감사, 감사! 이 까만 비닐봉지도 감사, 희망 배달부 아저씨 감사! 맞다! 우리 오빠도 감사, 감사해." 놀이 하듯 신난 은선이를 보며 은우가 피식 웃는다.

"임대주택이지만, 이렇게 비 오는 날 물 새지 않는 집에 있어 감사하구나. 치킨을 먹을 수 있는 두 손이 있어 감사하고, 입이 있어 감사하고, 쌀이 있어 감사하고, 나면이 있어 감사하다. 그치?" 감사할 거리를 찾아 두리번거리자 은선이가 끝말잇기 하는 양 한다.

"냉장고도 있고 밥솥도 있어요. 이불도!" 이불을 머리에 뒤집어쓴다.

"아저씨가 있어요." 은우가 간절한 표정으로 헌승을 바라본다.

내가 이 아이들을 책임질 수 있을까. 언제까지. 얼마나.

올라오는 염려를 가만 내버려 둔 채 말한다. "그럼. 아저씨가 있지." 말 씨앗을 심는다. 흔들리지 말자. 믿자.

빗소리가 들린다.

규칙적으로 투둑투둑.

마치, 심장 고동 소리처럼.

(귓전에 말하다)

씨앗이 뿌리를 내리면
싹을 틔우고 그 싹은 나무가 되고
그 나무가 성장을 하면 열매를 맺습니다.
씨앗은 곧 열매입니다.

밝고 희망찬 씨앗이 뿌려지면
밝고 희망찬 열매가 열리고
어둡고 우울한 씨앗이 뿌려지면
어둡고 우울한 열매가 열립니다.

씨앗은 열매의 모습입니다.
열매는 씨앗의 또 다른 모습이고
씨앗은 열매의 또 다른 모습입니다.
씨앗은 곧 열매입니다.

평소에 밝고 희망차고 긍정적인 말의 씨앗을 뿌려야 합니다.
그래야 내 마음에 밝고 희망찬 열매가 열립니다.

희망의 씨앗을 뿌려야 희망의 열매가 열립니다.
그래야만 우리의 마음에 희망이 둥지를 틉니다.

지금 당신은 어떤 생각의 씨앗을 뿌리겠습니까?
누군가가 뿌려 주길 기다리지 마세요.
지금 내가 희망을 뿌리면
희망의 열매는 내가 거둘 수 있습니다.

바로 지금 내가 뿌리면 됩니다.
희망의 씨앗을.
이제 내가 뿌리면 됩니다.

잊지 않습니다. 당신이 희망의 씨앗임을.
당신 안에 이미 희망의 뿌리가 뻗어 가고 있습니다.
당신 안에 이미 희망의 싹이 움트기 시작했습니다.
당신 안에 이미 희망의 줄기가 굵어지고 있습니다.
희망의 잎이 피어나고
희망의 가지가 뻗어 가고
희망의 열매가 영글고 있습니다.
당신이 희망의 씨앗이자 열매입니다.

말 씨앗 : 말하면 현실이 된다

귓전 확언

나는 좋은 말을 한다.

나는 긍정적인 말을 한다.

나는 따뜻한 말을 한다.

나는 배려 있는 말을 한다.

나는 사랑의 말을 한다.

나는 자비의 말을 한다.

나는 희망의 말을 한다.

나는 좋은 말 씨앗을 뿌린다.

나는 긍정적인 말 씨앗을 뿌린다.

나는 따뜻한 말 씨앗을 뿌린다.

나는 배려 있는 말 씨앗을 뿌린다.

나는 사랑의 말 씨앗을 뿌린다.

나는 자비의 말 씨앗을 뿌린다.

나는 희망의 말 씨앗을 뿌린다.

내가 말하면 그대로 된다.

내가 말하면 이루어진다.

내가 말하면 현실이 된다.

알아차림

다만 알아차리고 지켜보라

부산역 계단 앞.

헌승은 삼십 분째 노래를 하고 있다.

'불우이웃 돕기 모금함'은 타는 태양 볕에 녹아 내릴 것 같다. 발바닥도 아스팔트에서 올라온 열기로 후끈거린다.

광장은 평일이라 오가는 사람 없이 한산하다.

살 오른 비둘기가 낡은 벤치 위를 어슬렁거린다. 눅눅한 습기와 노점상의 어묵 냄새가 한데 섞여 느릿느릿 떠다닌다.

뜨거운 아지랑이 속에서 그나마 자신의 노래를 들어 주고 있는 이는 부산역 노숙자들이다. 다 해야 십여 명쯤 될까.

두셋씩 나무 그늘 아래 눕거나 앉아서, 노래 박자에 맞춰 발을 까

딱댄다.

그중 누군가가 술에 취해 꼬인 발음으로 "이봐, 트로트를 부르라고 트로트! 뽕짝!" 한다.

누군가는 불쑥 다가와 "마이크 줘 봐. 내가 한 곡 쫙 뽑아 볼라니까" 한다.

누군가는 다 피운 담배꽁초를 모금함에 우겨 넣는다.

덥다.

땀 먹은 티셔츠가 등에 착 달라붙어 있다.

노숙자들에게 김밥이라도 대접하려 노래하고 있다. 한데……. 마음 가다듬고 다시 기타를 두드린다.

누군가 또 다가온다. 모금함에 돈을 넣겠다는 양 주머니를 뒤적거린다. 멈춰 서서 바지춤을 한 번 쭉 치켜 올리더니 양팔을 뻗어 모금함을 들고 냅다 뛴다. 역 계단을 껑충껑충 뛰어오른다.

"아저씨!" 기타를 던지듯 내려놓고 뒤따라 달린다.

노숙자 아저씨는 역 안으로 후다닥, 복도를 가로질러 후다닥, 역 밖으로 후다닥, 한 마리 날다람쥐 같다.

달리기라면 자신도 뒤지지 않는다. 학창 시절 육상 좀 했다. "아저씨! 아저씨!" 외치며 죽어라 따라간다.

잡힐 듯 잡힐 듯하다 멀어지고, 따라잡을 듯 잡을 듯하다 놓친다. 뭐 저렇게 잘 달려. 나보다 나이 먹은 아저씨가. 반바지 아래 드러난 그의 검게 그을린 굵은 종아리 근육이 눈에 훅 들어온다. 아, 탄탄하다. 못 이긴다, 저 아저씨. "아저씨! 돈은 가져가도 되는데! 헉, 헉, 그, 그, 모금함은 부수면 안 돼!"

아저씨가 멀어져 간다.

"그 모금함. 오만 원 짜리야 아저씨! 부수지 마! 안 돼!" 길바닥에 주저앉는다. "비싼 거야. 그거! 아이, 아저씨이!" 숨이 턱까지 차오른다. 흥건한 땀이 아스팔트 위로 후드득 쏟아진다. 이건 정말 너무한 거다.

앉은 채로 한참 숨을 헐떡댄다. 뛰는 심장이 좀체 잦아들지 않는다.

배가 고팠나 보다. 아무리 그래도, '불우이웃 돕기'라고 버젓이 쓰여 있잖아, 모금함에. 파렴치한 도둑이다. 몰상식하다. 아주, 아주 무례하다. 생각할수록 불쾌하다.

일어날 의욕이 안 생긴다. 이게 뭔가, 뭐, 이런 날이……, 이런 사람이 다 있나.

몸은 끈적거리고, 부실한 체력은 한심할 지경이고, 사람에게 짜증나고…….

"숨을 크게 들이쉬어 봐."

그의 목소리에 고개를 세차게 젓는다.

"코로 숨을 깊게 들이쉬어 봐. 그리고 입으로 천천히 내쉬어 봐."

"아, 지금 그게, 무슨."

"코로 깊게 숨을 들이마셔라. 그리고 입으로 천천히 내쉬어."

"이 판국에!"

"그럴수록, 그럴 때야말로. 코로 깊게 숨을 들이마셔."

귀찮은 일 해치우듯 숨을 훅, 들이마신다.

"입으로 천천히 내쉬어."

입으로 훅 뱉어 버린다.

"그렇게라도 자, 코로 들이쉬고, 입으로 내쉬고. 다시 코로 들이쉬고, 입으로 내쉬고."

훅 들이쉬고, 훅 뱉고, 훅 들이쉬고, 훅 뱉는다.

"계속, 자……."

후욱 들이쉬고, 후욱 뱉는다. 후우욱 들이쉬고, 후우욱 뱉는다. 코로 숨이 들어가고 입으로 숨이 나간다. 가쁜 호흡이 잦아들어 간다.

"자, 코로 깊게 들이마셔라."

후, 크게 한숨을 뱉는다.

허리를 펴고 앉아 코로 깊게 숨을 들이마신다.

입으로 천천히 내뱉는다.

몇 번이고 반복한다.

팔짝 뛰겠는 마음이 그런대로 내려간다. 그래도, 이건 너무한 거다.

"무엇이 너무한 것이냐."

"봤잖아요. 저 아저씨."

"아저씨의 무엇이 너무한 것이냐."

"모금함을 들고 날랐어요. 모금함. 버젓이 '불우이웃 돕기'라고 적혀 있는데! 돕지는 못할망정. 인간 이하, 상식 이하예요."

"네가 생각하는 '불우이웃'이 무엇이냐."

"처지, 살림, 형편이 어려운 이웃."

"저 아저씨는 뭐 하는 사람이냐."

"노숙자……."

"너의 그 '어려운 이웃'에 저 아저씨는 해당이 안 되는 것이냐."

"……"

"이 더위에 역 앞에서 노래를 한 이유가 무엇이지?"

"해운대에 버스킹하러 왔는데……. 노숙자 아저씨들이 배고파 보였어요. 그래서 즉석 공연을……."

"그럼 모금함의 임자는 저 아저씨가 맞구나."

"아니죠. 노숙자 아저씨들이죠. 한 사람을 위한 게 아니에요. 그걸 혼자 가로챈 거죠."

"동료들과 음식을 나눠 먹을 수도 있겠지."

"저런 사람이 무슨!"

"다시, 코로 깊게 숨을 들이쉬어라. 입으로 천천히 내쉬고."

이 와중에 이걸 또 따라 하고 있다. 세 번. 네 번.

"지금 네가 느끼는 감정은 무엇이지?"

"짜증. 무례함과 몰상식에 대한 분노."

"그래, 그 감정에 푹 빠져 있구나. 잠시 그 감정과 너를 분리해 보자. 따라 해 봐. 내가 지금 짜증스러운 감정을 느끼고 있구나."

"생각하니 다시 짜증이 올라와요."

"네 감정인데도 스스로 컨트롤하지 못하고 있어. 지금 이 순간, 감정의 노예가 되어 버렸다. 감정의 주인은 너인데, 감정의 하인이 되어 있어. 다시 따라 해 봐. 나는 지금 짜증스러운 감정을 느끼고 있구나."

"나는 지금 짜증스러운 감정을 느끼고 있구나. 몹시. 아주."

"그래, 내가 지금 분노의 감정을 느끼고 있구나."

"내가 지금 분노의 감정을 느끼고 있구나."

"내 안에 짜증스러운 감정이 올라오고 있구나."

"내 안에 짜증스러운 감정이 올라오고 있구나."

"내 안에 분노의 감정이 올라오고 있구나."

"내 안에 분노의 감정이 올라오고 있구나."

"다시 심호흡하면서 그 감정이 올라옴을 가만히 지켜봐."

가만히 지켜본다.

머리끝까지 솟아 있던 감정을 지켜본다.

감정에 사로잡힌 나와 지켜보는 나가 따로 있다.

오락가락, 하나가 되었다가 지켜보며 떨어졌다가 또 하나가 되었다가 떨어졌다가 한다.

"감정에 사로잡힌 내가 있구나. 지켜보는 내가 또 있구나. 결코 한

덩어리가 아니구나. 알아차려라."

"알아차림. 알아차림."

"그래. 상황을 잠시 뒤로하고, 감정과 자신을 분리해 봐."

"그래요. 조금 나아요."

"알아차리면 감정의 소용돌이에서 빠져나올 수 있어. 살다 보면 더한 상황과 사람도 만날 수 있다. 그럴 때마다 감정에 휩쓸리며 고통 받을 것인가, 빠져나올 것인가. 그럴 때마다 감정의 노예가 될 것인가, 주인이 될 것인가. 그걸 선택할 수 있는 버튼이 바로 '알아차림'이야. 네가 선택하는 거야. 알아차림 버튼을 누를 것인가, 감정 가는 대로 놔둘 것인가."

치켜 올라가 있던 어깨가 조금씩 내려온다.

"하지만 모금함은……. 다시 만들려면 돈 들어요. 만들어 주는 데도 찾아야 하고. 아 소중한 건데………."

"그 안타까운 감정 또한 알아차려라."

"알아차린다고 모금함이 다시 생기나요. 어떻게 할 건지 고민해야죠. 그래야 다음이 있죠."

"알아차리면 모금함은 해결된다."

"어떻게?"

"모금함이 사라져서 속상한 감정이 올라오는구나. 알아차려라."

"그래요. 모금함이 사라져서 속상해요."

"속상한 감정이 올라오는구나."

"슬픈 감성이 올라오는구나."

"모금함을 다시 만들어야 하니 불편한 감정이 올라오는구나."

"모금함을 다시 만들어야 하니 불편한 감정이 올라오는구나."

"감정이 상황을 해결해 줄까?"

"감정일 뿐이겠죠……."

"짜증. 분노. 안타까움. 속상함. 불편함. 이것들이 상황을 해결해 줄까?"

"……."

"걱정하면 상황이 해결될까?"

"걱정하면 다음을 준비할 수 있으니까요."

"걱정이 사라져야 다음을 준비할 수 있지 않을까?"

"걱정하면 다음을 준비하게 되고, 걱정을 안 하면 준비도 안 하게 되잖아요."

"걱정하면 걱정에 빠져 다음을 준비할 힘을 잃고, 걱정을 안 하면 그 힘을 비축하고 실행할 수 있지."

"관점을 바꾸자는 거죠? 하지만……."

"실제로 에너지를 비축하고 전환하는 길이야. 두렵다면 계속 걱정해 봐. 걱정과 하나 되어 스스로 그 감정의 노예가 되거라."

가슴을 펴고 코로 숨을 크게 들이쉰다.

입으로 천천히 내쉰다.

"지금만 봐야겠어요."

알아차림 : 다만 알아차리고 지켜보라

"그게, 알아차림이야."

"그렇군요."

"감정은 감정이고, 이제 현실만 보자."

"모금함은 사라졌어요. 저 아저씨를 경찰에 신고할지 말지, 그냥 서울로 가서 다시 모금함을 만들든지 해야 하죠."

"그래. 두 방법이 있구나."

"파렴치하지만 그냥 맛있는 거 사 드시라고, 그래 버리고 말죠, 뭐."

"그것도 좋다. 한데 어째서 저 아저씨가 파렴치하다고 단정 짓는 거지?"

"봤잖아요. 지금까지."

"인간에 대한 불신의 감정이 올라오는구나, 이런 마음이 올라오는 구나, 알아차려라. 다만 알아차릴 뿐, 그 감정에 전이되지 마."

"일어난 상황에 대해, 사람에 대해 판단도 하지 말아야 하나요? 그럼 세상을 어떻게 살죠?"

"어떤 상황에서도 판단하지 말라는 게 아니야. 선입견과 섣부른 일반화의 오류에 빠지지 말라는 거지."

"내가 보고 겪어서 아는 것도요?"

"네가 본 것이 무엇인데. 네가 겪은 것은 무엇이고, 네가 아는 것 은 얼마나 되지?"

"노숙자가 돈 내는 척 와서는 모금함을 들고 날랐어요. 그런 행동은 아무나 할 수 있는 게 아니에요. 상식 이하예요. 초등학생도 아는. 게다가 내가 누굴 위해 거리 공연을 하고 있었는데……. 내 맘도 모르고."

"사람은 누구나 편안한 마음일 때에야 이성적으로 생각하게 된단다. 지금처럼 흥분하고 격정적일 땐 마음 가라앉히기도 어렵지. 감정적이 되고. 그래도 해 보자."

모르겠다.

복잡하다.

해 보자. 되든 안 되든.

"집중해 보렴. 입을 닫고 코로 깊게 숨을 들이쉬면서, 콧속으로 들어오는 바람의 느낌을 느껴 봐. 콧속 점막에 닿는 바람의 느낌까지 느껴 보렴. 입으로 천천히 내쉬면서 입 안과 입술을 스치는 바람의 느낌과 세기를 느껴 봐. 귀로는 숨소리를 듣는 거야. 삼 분간 계속 반복하자."

코의 양 구멍으로 바람이 들어온다.

입으로 내쉴 때 따뜻한 바람이 입술을 스치듯 부드럽게 빠져나간다.

자신의 숨소리가 들린다.

"알아차리려면 지켜봐야 해. 자신의 호흡을 지켜보고, 몸도 지켜보고, 마음도 지켜봐야 해. 하나하나 지켜보면 자연스럽게 알아차림이 된다. 이제 눈을 천천히 감아 보렴. 먼저 정수리부터 지켜봐. 편안한가, 힘이 들어가 있나, 느껴 봐. 이마가 불편한가? 아니면 편안한가? 느껴 봐. 미간 사이가 편안한가? 불편한가? 편안하면 편안하구나, 불편하면 불편하구나, 그저 알아차릴 뿐 어떠한 감정도 주지 마라."

눈썹이 이마 주름을 만들고 있다.

알아차린다.

이마를 편안하게 내린다.

미간이 좁혀져 있다.

알아차린다.

미간을 펴 본다.

불편한가 보구나. 알아차린다.

"왼쪽 얼굴은 편안한가? 불편한가? 느껴 봐. 오른쪽 얼굴은 편안한가? 불편한가? 느껴 봐. 목은 편안한가? 불편한가? 느껴 봐. 왼쪽 어깨는 편안한가? 불편한가? 느껴봐. 오른쪽 어깨는 편안한가? 불편한가? 느껴 봐."

구겨진 얼굴이다.

불편 하구나……, 알아차린다.

어깨가 뻐근하다.

불편 하구나……, 알아차린다.

"팔꿈치가 편안한가? 불편한가? 느껴 봐. 편안하면 편안하구나, 알아차리고 불편하면 불편하구나, 알아차리면 돼. 손목이 편안한가?

불편한가? 손가락은 편안한가? 불편한가? 느껴 봐. 그렇게 몸의 구석구석을 지켜봐. 편안한가, 불편한가, 다만 지켜봐. 감정을 일으키지 말고. 편안하면 편안하구나 알아차리고, 불편하면 불편하구나, 알아차리는 거야."

팔꿈치로 손목으로 손가락으로 감각을 이동하며 살핀다.

"왼쪽 가슴이 편안한가? 불편한가? 느껴 봐. 오른쪽 가슴이 편안한가? 불편한가? 느껴 봐. 명치 부분이 편안한가? 불편한가? 느껴 봐. 복부와 배가 편안한가? 불편한가? 느껴 봐. 배꼽 부분이 편안한가? 불편한가? 느껴 봐. 내장 부분이 편안한가? 불편한가? 느껴 봐. 양쪽 엉덩이가 편안한가? 불편한가? 느껴 봐. 골반이 편안한가? 불편한가? 느껴 봐."

배꼽이 가려운 것도 같다.

위장이 비어 허기가 진다.

그렇게 느껴 본다.

"왼쪽 허벅지와 무릎이 편안한가? 불편한가? 느껴 봐. 정강이가 편안한가? 불편한가? 느껴 봐. 발뒤꿈치가 편안한가? 불편한가? 느껴 봐. 발등이 편안한가? 불편한가? 느껴 봐. 발바닥이 편안한가? 불편한가? 느껴 봐. 발가락이 편안한가? 불편한가? 느껴 봐. 오른쪽도 마찬가지야. 몸 구석구석 지금처럼 느끼고 지켜보고 알아차려 보렴."

온몸을 살피는 동안 근육이 이완되어 간다.

어쩐지 평온해진다.

"잘하고 있어. 알아차림이란 매 순간 끊임없이 지켜보는 것이다. 매 순간 잊지 않는 것이다. 숨 쉴 때마다 잊지 않고 순간순간 꾸준히 지켜보고 알아차리는 것이다."

"괜찮네요."

"숨 쉴 때마다 잊지 않고 지켜봐야 제대로 된 알아차림이라 할 수 있단다. 알아차리지 못하는 순간 습관처럼 감정이 삶을 장악해 버려. 굳어져 습관이 되면 감정덩어리가 잠재의식에까지 영향을 미친다. 좌지우지되는 거지. 항상 알아차림을 해야 해. 순간순간 잊지 않아야 해. 호흡할 때마다 알아차리고 걸을 때마다 알아차려야 해. 눈 깜빡일 때마다 알아차려야 해."

분명 조금 전과 다르다. 몸과 마음이.

몸을 칭칭 감고 있던 밧줄에서 풀려난 것 같다.

완전하진 않아도, 다르다.

시작일지도 모른다.

"말로 뱉어 봐. 저 모금함과 나와의 인연은 여기까지다."

"저 모금함과 나와의 인연은 여기까지다."

그런지도 모르겠다.

저 아저씨에게로 가야 할 거였나 보다.

그리 말하고 나니 한결 낫다.

"이제 놔 버려. 툭 던져 버려."

눅, 넌져 버린다.

"지금 알아차려야 할 것은, 이 상황이 그저 삶의 한순간이자 일부일 뿐 전체가 아니라는 거야. 노숙자 단 한 명의 행동일 뿐 모든 사람의 행동이 아니야. 이번 일로 사람을 보는 네 눈에 불신이 생기고 선입견이 생긴다면 그보다 더한 불행이 없다. 앞으로 모금함을 거리에 내려놓을 때마다 불안해 하고 신경을 곤두세우게 된다면 그보다 더 한 비극이 없겠지. 안 그러니?"

그럴 뻔했다. 공연할 때마다 모금함을 전봇대에 사슬로든 끈으로든 고정시킬 뻔했다.

"모든 것은 물 흐르듯, 일어날 수밖에 없어 일어난 일일 뿐이야. 이 상황을 이해하고, 인정하고 받아들여라. 이번 일로 그 어떤 것도 바꾸지 마. 어떤 생각과 감정이 일어나도 그 생각과 감정을 반기지도 거부하지도 마. 그저 이 생각이 일어나는구나, 알아차리렴."

그래, 모금함이야 다시 만들면 된다. 아저씨가 오늘은 모처럼 고기로 포식을 했으면 좋겠다.

자리에서 일어나 엉덩이와 다리를 양손으로 툭툭 턴다.

해가 기울어 저편 산 언저리에 걸쳐져 있다.

사방이 주홍빛이다.

아, 부실한 다리. 뭐라도 좀 먹어야겠다. 참, 기타는 잘 있나 모르겠다.

돌아서려는데 저쪽에서 누군가 터벅터벅 걸어온다. 양 종아리의 힘줄을 불끈거리며 걸어온다. 모금함을 품에 안고 걸어온다.

망연히 쳐다만 보고 있는 헌승에게 모금함을 쑥 내민다.

"미안해. 배가 너무 고팠어." 아저씨가 눈 둘 데를 못 찾고 기어가는 목소리로 말한다.

"아…… 이런, 아……."

서로 뻘쭘하니 서 있다.

"아저씨 가지세요. 밥 사 드세요. 이제 아저씨 거니까." 마음먹은 바를 실천하고 싶다.

"이거 오만 원짜리라며. 부수면 안 된다며……." 말을 주섬거린다.

아, 그 얘기를 기억하고 있었구나. 역시 사람을 함부로 판단해선 안 된다.

아저씨로부터 모금함을 전해 받으려 손을 뻗는다. 멋진 순간이다. 감동이 물결쳐 온몸을 감싸려는데 아저씨가 진지하게 말한다. "우리, 이거 반땡하자!"

"반땡하자! 모금함도 살리고, 돈도 나누고!" 아저씨는 심각하다.

몹시 진지하고 심각한 그 표정을 보다가 자신도 모르게 풉, 웃음이 터진다.

살찐 비둘기와 낡은 벤치와 습기 먹은 어묵 냄새.

땀에 젖은 옷과 헝클어진 머리와 모금함. 그리고 '반땡'.

물 흐르듯, 날다람쥐 아저씨가 돌아왔다. '반땡'과 함께.

생각에서 벗어나는 가장 빠른 방법은 알아차림입니다.

알아차림이란
매순간 깨어 있는 마음으로
순간순간을 지켜보는 마음입니다.

예를 들어,
호흡에 대한 알아차림은
숨이 들어오고 나감을 코로 느끼고 귀로 듣고
호흡을 지켜보는 것입니다.

그 호흡의 소리를 정확히 들어 보고
그 호흡의 흐름도 하나하나 지켜보고
그 호흡의 온도를 세밀하게 체크해 보고
호흡의 전체적인 경험을
순간순간 알아차리는 것입니다.

알아차림이란
지나간 기억인 과거나 아직 오지 않은 미래가 아닌
지금 여기 현재 존재하는 느낌과 의식입니다.

알아차림은
존재하는 그대로 정확히 지켜보고 인정하는 것입니다.

알아차림은
대상에 대한 해석이나 분석 등의 판단이 없는
오롯이 그저 깨어 있는 순수한 상태입니다.

깨어 있을 때와 알아차릴 때
명료하게 환경과 대상에 집중되며
본래의 희망 의식이 선명하게 드러납니다.

알아차림을 하는 동안
괴로움에서 벗어나고
마음의 편안함과 기쁨, 행복감이 더해 갑니다.

알아차림은 곧 깨어 있음입니다.
깨어 있음은 곧 알아차림입니다.

귓전 확언

나는 깨어 있습니다.
나는 알아차립니다.
나는 지켜봅니다.

나는 매순간 깨어 있습니다.
나는 매순간 알아차립니다.
나는 매순간 지켜봅니다.

나는 숨 쉴 때마다 깨어 있습니다.
나는 숨 쉴 때마다 알아차립니다.
나는 숨 쉴 때마다 지켜봅니다.

나는 걸어 다닐 때마다 깨어 있습니다.
나는 걸어 다닐 때마다 알아차립니다.
나는 걸어 다닐 때마다 지켜봅니다.

나는 내 눈에 보이는 모든 것을 알아차립니다.

나는 내 귀에 들리는 모든 것을 알아차립니다.

나는 내 코로 냄새 맡는 모든 것을 알아차립니다.

나는 내 입으로 맛보는 모든 것을 알아차립니다.

나는 내 피부로 느껴지는 모든 것을 알아차립니다.

나는 내 감정으로 느껴지는 모든 것을 알아차립니다.

나는 내 의식이 생각하는 모든 것을 알아차립니다.

나는 사는 동안 매순간 깨어 있고 알아차리고 지켜봅니다.

나는 지금 이 순간도 깨어 있습니다.

나는 지금 이 순간도 알아차립니다.

나는 지금 이 순간도 지켜봅니다.

4
자기 창조
내가 바로 창조자다

"사흘을 굶었어……." 아저씨가 사각형 아크릴로 된 모금함을 내민다.

"밥 사 드세요. 어차피 노숙하시는 분들 김밥이라도 사 드리려 모금한 건데." 헌승은 두 손을 내젓는다.

"그랬구나. 미안하게 됐네. 배고프니 눈에 뵈는 게 없더라." 그가 모금함을 바닥에 내려놓고 주머니를 뒤적거린다. 천 원짜리 지폐와 동전을 꺼내 손바닥에 펼쳐 보인다. "자, 삼만이천 원."

"그걸 어떻게 꺼냈대……." 헌승은 모금함에 걸려 있는 자물쇠를 본다. 파손된 곳은 없는지 눈으로 훑는다.

"제대로 잠그지도 않고선……. 그냥 쏙 빠지던데." 손에 쥔 돈을 내밀며 그가 입맛을 다신다.

　무사한 모금함이 반갑다. "아저씨 다 가지세요. 뭣 좀 사 드시고." 뛰느라 정강이까지 올라간 고무 슬리퍼를 달고 맨발로 서 있는 아저씨가 어린애 같다. "신발 좀 내려 신구요."

　"어? 쓰레빠가 왜 여기 달렸냐." 오른쪽 엄지발가락으로 왼쪽 정강이에 걸쳐진 슬리퍼를 쭉 내린다. 왼쪽 엄지발가락으로 오른쪽 슬리퍼도 쭉 내린다. 신발을 고쳐 신는다. 지폐와 동전을 주머니에 넣지도 어쩌지도 못하고 그냥 손에 쥐고 서 있다.

　헌승은 모금함을 들고 기타와 마이크 쪽으로 천천히 걷는다.

　아저씨도 따라 걷는다.

　터벅터벅, 처벅처벅.

　한산한 역 광장에 투박한 발걸음 소리만 비처럼 내린다.

　짐을 챙기며 먼 산을 본다. 아저씨도 먼 산을 본다.

　해가 반나마 걸쳐져 주위가 온통 붉다. 더위가 좀 누그러진 듯도 하다.

　터벅터벅, 처벅처벅.

　김밥을 파는 가판으로 가는 동안도 둘은 말이 없다.

　김밥을 산다. 아저씨가 옆에 서서 쳐다보고 있다. 그의 것도 산다.

　터벅터벅, 처벅처벅.

　근처 벤치로 가 앉는다. 아저씨도 앉는다.

　긴 의자에 나란히 앉아 김밥 네 줄을 나눠 먹는다.

"여기서 지낸 지 얼마나 되셨어요?" 김밥을 우물거리며 헌승이 묻는다.

"7년." 아저씨 양 뺨 안에 김밥이 가득하다.

"……, 이제 그만 집에 들어가세요. 가족들이 기다릴 텐데." 김밥을 삼킨다.

그새 김밥 두 줄을 비우고 헌승의 것을 보는 아저씨. 고개를 끄덕이자 네 토막을 한꺼번에 입 안에 넣고 씹는 둥 마는 둥 삼킨다. 남은 단무지를 씹으며 의자 등받이에 몸을 기댄다.

해가 더 기울어 사위가 짙은 파랑색이다.

"이 사람아." 나직한 목소리다. "나 이래 봬도 칠 년 전엔 공무원이었어."

그를 가만 바라본다. 해진 반바지와 목 늘어난 티셔츠를 입고 고무 슬리퍼 사이로는 시커먼 발가락을 꼼지락거리고 있다.

"승진했답시고 기념 여행을 떠났지. 아내랑 중학생 아들, 초등학생 딸내미. 차에 다 태우고. 처음 하는 가족 여행이었어." 아저씨의 발가락이 꼼지락을 멈춘다. "부산 다 왔는데 사고가 났어." 등을 굽히고 무릎 위로 팔꿈치를 얹는다. "눈 떠 보니 병원이더라. 일주일 만이래." 주먹 쥔 두 손으로 이마를 받친다. "의사가, 다 죽었다고……. 나만 살았다고……."

점점 굽어져 가는 그의 등을 본다. 등뼈가 티셔츠 위로 도드라져 보인다.

자기 창조 : 내가 바로 창조자다

"내가 운전한 차에서 다 죽고 나만 살았어……. 내가 가자고 한 여행에서……. 내 승진 기념이랍시고……. 평소 여행 한 번 데려간 적 없었으면서……." 어깨가 작게 흔들린다. 고개를 숙인 채로 뜨거운 한숨을 뽑는다. "가족에게 미안해. 용서 받고 싶어. 살아 있을 때…… 한 번도 고맙다, 사랑한다, 해 본 적이 없어." 한 손으로 가슴을 쥔다. "여기가 미치도록 아파. 쥐어뜯고 싶어." 가슴을 친다.

아무 말도 할 수가 없다.

위로가 무색하다.

"앞만 보고 살았어. 졸업하고 취직하고 결혼하고 월세집 살다 대출 받아 내 집 사고. 차 사고. 자식들 학원 보내고 학교 보내고 승진도 하고. 그러느라 여행도 못 가 보고, 표현도 못 해 보고, 그러다 끝장나고." 한 손으로 의자 모서리를 매만진다. "여기 누워 자면 막내딸이 나타나. 자꾸 꿈에 나와."

"……, 먼저 간 가족들이……, 아저씨가 이렇게 사는 걸 원할까요?" 겨우 입을 뗀다. 조심스럽다.

"속죄하는 길이야." 굽힌 허리를 펴고 허공을 보며 아저씨가 말한다. "방도가 없어. 이제 여기가 편해. 사는 게 뭔지도 모르겠고 의욕도 없고 이 한을 풀 길도 없어. 그냥 이렇게 사는 게 나한테 어울려."

열심히 사셨다고, 불의의 사고는 누구도 예측 못한다고, 아저씨의 잘못이 아니라고, 이렇게 지내는 걸 가족들이 결코 원하지 않을 거라고, 가족들 맘 편히 갈 수 있도록 아저씨가 먼저 놓아주시라고……, 옳은 소린지 아닌지 가늠할 수 없는 말들을 어떻게든 주섬주섬 해 본다. 그중 어느 말이든 아저씨의 마음에 가 닿았으면 좋겠다.

"그게 됐으면 여직 이러고 있겠나? 나 이만 자려네." 그가 앉은 자리에다 몸을 누인다. 옆으로 몸을 돌린다. 여직 두 손에 꼭 쥐고만 있던 돈을 헌승에게 다시 내민다.

고개를 젓자 머쓱하니 바지 주머니에 넣으며 졸음 섞인 목소리로 말한다. "이게 인간이야. 미치고 팔짝 뛰다가도 배고프면 밥 먹고, 졸리면 자. 간사하지."

넓게 주무시라고 자리에서 일어난다.

아저씨는 헌승이 앉았던 자리로 접혀 있던 다리를 쭉 뻗는다. 눈을 감는다.

막내딸을 만나러 가려는가 보다.

가방을 어깨에 둘러멘다. 모금함을 들고 어둑해진 광장을 휘 둘러본다.

여러 명의 노숙자들이 벤치를 차지하고 누워 있다. 이들의 사연도 이렇게 무거울까. 이들의 가슴도 이렇게 진창일까.

터벅터벅, 역 안으로 들어선다.

여럿의 노숙자들이 의자에 앉거나 누워 있다.

빈 의자에 앉는다. 눈에 초점이 없다.

"긴 하루구나."

차분한 그 목소리를 듣자 참았던 숨이 터지듯 후우, 몰아 나온다. 숨을 몇 번이나 들이쉬고 내쉰다.

사방이 고요하다.

노숙자들이 뒤척이는 소리, 신문지를 이불 삼아 들척이는 소리, 작게, 작게 움직이는 소리가 적막보다 더 적막하다.

"아저씨에게 해 줄 수 있는 말이 없었어요……."

"들어 주었잖니. 그거면 되었다."

"도움을 주고 싶은데 할 수 있는 게 없었어요. 여기 있는 많은 노숙자 분들의 사연도 못지않을까요. 밥 한 끼 사 드리는 걸로 무슨 도움이 될까요."

"노숙자 아저씨의 삶을 네가 대신할 순 없어. 그의 삶은 그의 몫이야."

"저렇게 큰일을 겪고 어떻게 살아갈 수 있을까요. 저라도 용서 받고 싶을 것 같아요. 한스러울 것 같아요."

"그런 감정에 사로잡힐 수 있지. 당연해. 그런데 그 감정에만 머물러 있어서는 곤란해. 그게 마음의 전부는 아닐 거야."

"전부가 아니라뇨?"

"미안함. 용서 받고 싶음. 그리고 또 있지. 고마움과 사랑."

"……"

"단란한 가족을 가졌었음에 대한 고마움. 마지막까지 사랑의 기억으로 남아 있어 주었음에 대한 고마움. 그러한 가족에 대한 사랑의 마음. 자신이 죽지 않고 살아 있음에 대한 감사. 무엇보다 자신의 생명력에 대한 사랑 말이다."

"이제 없잖아요. 잃었잖아요. 자기만 살았잖아요. 그 생명력이 더 끔찍할 것 같아요. 남은 자의 슬픔 같은 거."

"현상만 보는 의식이고 생각이야. 그렇게 미안해 하고 용서 받고 싶어 할수록 아저씨는 더욱 괴로워져. 오로지 떠난 사람들에 대한 참회의 마음만은 아니기 때문이야. 진심으로 참회한다면 시간이 지날수록 무게는 줄어든다. 자신의 한계도 받아들이게 되니까. 그 무거움이 그대로라면 그건 나의 현재와 한계를 받아들이지 못하고 인정하지 못하고 있기 때문이기도 해. 가족들에게 미안한 것과 별개로 자신을 용서할 수 없는, 정확히 말하면 자신의 처지를 용서할 수 없는 마음도 함께 있는 거다."

"나라도 자신 없을 거예요."

아저씨는 사랑한다는 말 한 마디 해 주지 못했다고 했다. 그게 한스럽다고 했다. 현실에 충실하며 살다가 한순간 다 잃었다고 했다. 어떻게 살아야 할지 모르겠다고 했다.

나라고 다를까.

내 부모에게 나도 사랑한다는 말을 들어 본 적이 없다. 해 본 적도 없다. 각자 사느라 바쁘다. 너무 바빠서 외려 소홀한 적이 많다. 심지어 자신은 열두 살 때부터 부모와 떨어져 혼자 지냈다. 늘 부모의 사랑이 고팠고 아쉬웠다. 원망도 많이 했다.

저렇게 곁에서 학원도 보내고 학교도 보낸 아버지가 사랑 표현을 못했다고 후회한다. 딸이 보고 싶어서 부산역을 떠날 수 없다고 한다.

머릿속으로 온갖 생각이 올라오고 섞여 지끈거린다.

"가족과 자신은 개별자야."

"혈육이에요. 끈끈하게 연결되어 있죠. 영향을 주고받아요. 그 영향권 안에서 완전히 벗어나기란 불가능해요."

"부모와 자신은 완전한 개별자다."

"말도 안 돼."

"저 아저씨가 가족과 자신을 계속 동일시하는 한 노숙생활에서 벗어날 수 없어. 말했듯이 자신을 인정하지 않고 있으니까. 지금 처지만이 아니라 자기 자신조차 인정하지 않고 있어."

"가족에게 불행한 일이 닥치면 다 같이 힘들죠. 갑자기 사라지면 정신을 잃을 지경이 되겠죠. 어린 시절 혼자 지냈던 그 시간, 부모님이 살아 계셨는데도 힘들었어요. 때로 원망했고요. 내 부모가 가난하면 나도 창피하고, 내 부모가 행복하면 나도 행복해졌어요. 나를 보는 부모님도 다르지 않죠. 내 처지가 내 부모에 의해 좌우될 때도 많아요. 아저씨처럼 불행한 일을 겪지는 않았지만, 나 역시 가족과 깊이 연결되어 있어요. 운명 공동체처럼."

가족에 대한 얘기, 가족에게 일어난 불행, 가족과의 관계에 대해선 좀처럼 이성적으로 사고하고 대화하기가 어렵다.

"아서씨저넘 저렇게, 내 가족은 사고로 다 죽었어, 이제 난 가족이 없어, 난 혼자야, 그런 생각을 평생 가슴에 품고 사는 존재가 행복과 마음의 평화를 찾는다는 건 불가능해. 본성의 마음에서 뭔지 모를 거부감과 불편함이 끊임없이 올라오게 되어 있어. 당연해. 마찬가지로 내 가족은 이런 면에서 부족해. 그래서 나도 부족해. 가족의 이런 면이 아쉬워. 그래서 나도 어딘지 아쉬운 사람 같아. 이렇게 생각하고 사는 존재가 마음속 평화를 갖는다는 것 또한 불가능해. 본성과 다른 생각이야."

"본성은 가족에게, 부모에게 영향을 받을 수밖에 없어요."

"잘 들어 봐. 아저씨의 결핍과 너의 결핍은 다른 것 같지만 사실 본질에서 닮아 있어. 가족과의 연결 의식, 부모와의 연결 의식. 다소 결이 다른 이야기 같지만 본질에서 같아. 핵심은 네가 누구의 영향권 안에 있는 존재가 아니라 독립된 개별자라는 사실이다."

"……"

"누군가의 불행한 가족 얘기를 듣고, 어찌 말해 주어야 할지 모르겠는 너의 마음속엔 그 사건의 크기에 압도된 감정만 있던 게 아니야. 가족에 관해서 만큼은 극복할 수 없고, 운명이고, 변화할 수 없다고 믿는 너의 마음도 작용한 거야. 그 잘못된 상(相)을 바꿔야 해. 그래야 너도 아저씨도 같은 굴레에서 벗어날 수 있어."

"같은 굴레라고요?"

"그래. 어떤 일의 결과는 반드시 그걸 초래한 조건과 원인이 있기

마련이야. 인과관계, 인연이란 말을 들어 본 적 있지 않니? 남편은 아내와의 인연으로 부부가 된다. 그 결과로 자식이 태어나지.”

“……”

“한 남자가 아내와 연관되어 있을 땐 남편이 되고, 자식과 연관되어 있을 땐 아버지가 된다. 한 여자가 남편과 연관되어 있을 땐 아내가 되고 자식과 연관되어 있을 땐 어머니가 돼. 그리고 그 자식은 아버지, 어머니라는 존재와 또 연관된다.”

“그렇죠.”

“인연이 다해서 이혼하거나 저 아저씨처럼 사별하게 되면 아내는 ‘남’이 되어 버려. 자식과도 인연이 다해 어느 한쪽이 죽음에 이르게 되면 ‘남’이 되어 버린다.”

“부모와 자식은 다르죠. 혈육이라니까요. 부모가 돌아가신다 해도 결코 남이 될 순 없어요.”

“각각의 존재가 인연으로 결합해 만나면 하나의 새로운 관계가 형성된다. 그 인연의 결합이 깨지거나 인연이 다해 흩어지면 형성된 것이 없음으로 돌아가. 관계가 사라지는 거지. 그렇다고 무의미하다는 뜻은 아니야. 형성된 것은 반드시 사라지게 되어 있다는 거야. 그리고 다시 형성되고, 다시 사라지고를 반복하는 것이 우주의 법칙이다. 존재의 법칙이기도 하고.”

“그렇다고 내가 부모의 영향을 전혀 받지 않고 사는 게 아니잖아요.”

"물론이지. 부모는 나무의 뿌리고 줄기야. 자식은 그 열매지. 그렇게 인연 되었지만 그걸 뛰어넘어야 해. 모든 인연은 생기고 사라진다는 것을 기억해라. 부모와 자식조차도. 뛰어넘는 방법은 부모와의 인연을 끊는 거야."

"인연을 끊으라고요?"

"관계를 멋대로 끊어 버리라는 게 아니야. 인연을 끊는다는 건 '그 존재를 생각했을 때 아무런 감정이 일어나지 않음'이란다."

"어떻게 그럴 수 있죠? 부모님을 떠올리기만 해도 온갖 감정과 생각이 다 일어나는데."

"부모를 바라보든 가족을 바라보든, 그 사람을 존재하는 한 사람으로 봐야 해. 관찰자의 시선으로 보는 거야. 내 가족, 내 자식, 내 부모가 아니라 그저 한 존재, 한 인간으로 보아 봐. 그렇게 바라볼수록 그들을 보는 마음이 평안해진다. 집착이 사라지고, 개별자로 인식하게 돼."

내 아버지와 내 어머니가 나와 잠시 이생에서 맺어진 하나의 인연이라면. 그들이 나와 다른 한 명의 인간이라면. 그렇게 생각하니 부모에 대한 원망의 마음이 길을 잃은 것 같다. 그들도 한 명의 인간으로 나름의 생을 살고 있는 개별적 존재라는 것 아닌가.

내 부모는 그 윗대의 부모에게 '사랑한다'는 말을 들어 본 적이 있을까. 완고한 성격의 할아버지와 할머니가 떠오른다. 아마도 그런 말을 듣고 자랐을 것 같지 않다.

자기 창조 : 내가 바로 창조자다

그런 영향력의 대물림. 그럼에도 개별자라니. 알 것도 같고 모를 것도 같다.

　"유전이란 게 있잖아요. DNA. 개별자라면 그건 어떻게 설명하죠?"

　"네가 노래를 잘 부르는 건 네 조상 덕분이지. 그런 유전자를 물려받은 거니까. 그렇다고 유전이 관계의 종속을 의미하는 건 아니야. 생물학적 기질을 물려받았다고 해서 네가 곧 네 부모와 동일시되는 게 아니듯이. 너라는 존재와 부모의 존재는 엄연히 다른 생명체고, 객체다."

　"객체이긴 하죠. 그렇지만……."

　"너는 너 자신을 창조한 창조자야."

　"나를 창조한 건 내 부모죠."

　"처음 너라는 생명이 탄생할 때. 의식도 없던 그때 말이다. 수억 마리의 정자가 헤엄치고 헤엄쳐 십만 대 일의 경쟁률을 뚫고 난자에 도달했지. 난자의 벽을 뚫기 위해 힘차게 부딪혔어. 그렇게 오로지 혼자의 힘으로 뚫고 들어갔다. 비로소 수정란이란 새로운 생명을 탄생시킨 거야. 너라는 존재가 말이다. 아기가 되어 무사히 태어나기 위해 더한 고비를 넘기며 생존을 위한 여정을 거쳤어. 너는 행동하고 실천했다. 스스로를 살리기 위해 말이야. 창조하기 위해 말이지. 그렇게 무의식적으로 헤엄친 그 힘과 신념은 어디에서 왔을까? 어디에서 배웠을까? 이쯤에서 깨달아야 해. 네 안에 얼마나 위대한 능

력이 잠재되어 있는지. 네 안에 얼마나 큰 희망 의식이 있는지 말이
다."

내가? 그렇게 살아남고자 헤엄쳤더란 말인가. 내가 나를 알기도
전에. 내가 세상에 태어나기도 전에.

"어쩌면 네가 알고 있는 너는 네가 아닐 수도 있어. 네가 모르는
진짜 네가 존재하고 있는지도 몰라. 생명의 본성을 가진, 삶에 대한
열정과 살 수 있다는 희망으로 가득 찬 진짜 너 말이야."

낯설다. 모든 게.

그럼에도 가슴이 뛴다.

"네가 널 창조할 수 있게 조건을 만들어 준 인연, 그게 부모야. 그
인연이 없었다면 넌 세상에 태어날 수 없었어. 숨 쉴 수 있게 해 준
유일한 존재가 바로 부모다. 그것만으로도 부모에게는 평생 감사해
야 해. 아무것도 바라지 마라. 탄생의 조건을 만들어 준 것. 그것만으
로 된 거다. 충분하고 완전한 감사를 느껴라."

조건을 만들어 주었다는 것. 그것이 부자지간의 엮임, 얽히고설킨
그런 혈연과 정말 다른 것일까.

"다르지. 존재하게 한 인연. 그 인연법, 인과법으로 세상을 봐. 그
랬을 때, 진정한 감사의 마음이 차오르게 될 거야."

부모에게 감사해야 한다는 식이 아닌 진정한 감사. 혈연의 의미가
아닌 인연. 내가 세상에 태어나 숨 쉴 수 있도록 해 준 나와 다른 개
별자로서의 인연. 문득 그 인연의 확률에 몸소름이 돋는다. 내 부모

자기 창조 : 내가 바로 창조자다

가 나의 부모일 수 있게 된 확률. 내가 태어날 수 있었던 확률. 살짝만 스쳐 지나갔어도, 조금만 느렸어도 나는 이 세상에 존재할 수 없었다.

"탄생 자체가 기적이지. 태어난 모든 존재들은 스스로가 창조자라는 걸 잊으면 안 돼."

"그렇군요."

"그러니 저 아저씨 역시 자신의 존재를 이렇게 방치해서는 안 된다. 인연이 다해 사라진 가족의 연을 붙들고 정작 자신이란 존재의 연을 잊고 있어. 가족과 자신을 분리해야 해. 미안함보다 이제는 자신이 살아 있다는 것에 감사해야 해. 살아 있는 자신을 사랑해야 해. 자신이 창조해 놓고 자신을 부수고 있어."

"아저씨의 본성은 기다리고 있겠군요. 자신을 봐 달라고."

"그렇지. 그러니 이제 자신의 인생을 살아야 해. 자신을 아끼고 자신을 사랑해 주고 자신을 믿어 줘야 해. 누구도 아닌 자신을 먼저 위로해야 해. 자신을 먼저 보호해 줘야 해."

칠 년째 길 위에서 노숙하며 자신을 학대하고 있는 아저씨. 그에게 필요한 건 자기 자신에 대한 사랑이었구나. 그리고 내게도.

"나한테 미안하네요. 돌보지 않았고, 믿어 주지 않았고 사랑해 주지 않았어요."

"정작, 지금 네가 존재하고 있는 힘은 네 안의 너인데도 말이다."

"그래서 무의식을 희망 의식이라고 한 건가요?"

"그래. 너도 기억하지 못하는 태초의 너. 오직 살기 위해 헤엄쳤던 너의 본성. 그건 그저 '희망'이야."

열두 살의 내가 처음 만난 그.

고요한 눈빛으로 나를 바라보며 그는 말했었다.

그는 곧 나. 나의 무의식. 나의 희망 의식이라고.

"그러므로 너는 지금 그대로 온전하다."

그래서 그리 말해 왔구나.

"네가 없으면 이 세상도 없다."

그는 곧 나. 나의 무의식. 내가 돌보고 믿고 사랑해야 할 나.

오래 기다려 온 그에게 손을 내민다.

"기다려 주었군요. 나의 희망…… 의식."

(귓전에 말하다)

신은 창조자가 아니라 관찰자입니다.
창조자는 바로 나입니다.

과거에 일어난 모든 상황들도
나의 선택에 의해 창조되었습니다.

앞으로 일어날 미래의 상황들도
오로지 나의 선택으로 창조됩니다.

일어나는 모든 상황은
오로지 나의 선택으로 창조됩니다.
그 창조의 첫 마음은 바로 나의 선택입니다.

내가 지금 어떠한 선택을 할 것인가?
우린 항상 선택의 기로에서 하나를 선택합니다.
지금 당신의 선택이 곧 내일이고 일주일 뒤이며
일 년 뒤이고 평생이 됩니다.

나의 미래가 행복과 희망으로 가득 차려면
지금 무엇을 선택해야 할까요?

네 맞습니다.
바로 지금 행복과 희망을 선택하면 됩니다.
그 어떤 이에게도 그 선택권을
내주지 않습니다.

내 삶의 주인이 되는 길.
내 삶의 창조자가 되는 길.
그 모든 정답은 바로 내 안에 있습니다.

자기 창조 : 내가 바로 창조자다

귓전 확언

내 삶의 주인은 나다.
나는 내가 원하는 세상을 내가 직접 만들어 간다.
나는 신이 창조한 가장 위대하고 비범하며
세상에서 가장 멋진 존재다.

나는 내가 원하는 모든 것을 가질 수 있다.
내가 원하는 세상을 내가 만들어 간다.
세상을 만들어 내는 능력은 오직 내 안에 있다.
나는 내가 원하는 대로 세상을 만든다.

이 세상을 만들어 내는 유일한 존재는
바로 나다.
이 세상은 내 마음의 결과물이다.
내가 생각한 대로 세상은 보이고 나타난다.
삶의 모든 가능성이 나에게로 열려 있다.

내가 나를 창조한다.

내가 나를 만든다.

나는 나를 바꾼다.

나를 바꿀 수 있는 존재는

오로지 나밖에 없다.

내려놓음

내 안으로 돌려라

신림동 반지하 고시원에 짐을 푼다.

네 명이 함께 쓰는 방은 오갈 때마다 어깨가 부딪칠 정도로 좁다.

서울로 올라왔다 몇 개월 만에 다시 대구로 내려가곤 하기를 서너 번. '가수'가 되고 싶은 헌승에게 서울은 이른바 '꿈의 도시'다. 여러 기획사를 찾아가고 오디션을 보고 데모테이프를 돌려 보았지만 매번 허탕이었다.

이번엔 사활을 걸자는 마음으로 아예 짐을 싸 들고 왔다.

명동 라이브 카페에서 가끔 노래할 기회가 생긴다. 초대가수의 부재를 메우는 대타지만 무대가 있어 좋다.

오디션 소식이 들리면 어김없이 간다. 될 때까지 하겠다는 오기는

'포기하지 않는 젊은이'라는 수식어로 위안 삼는다.

오디션도, 라이브 카페 공연도, 기획사 찾을 일도 없을 때면 기타를 들고 거리로 나선다.

방 안에 가만히 앉아선 기회를 잡을 수 없다. 노래를 들려주고 싶다. 관객을 만나고 싶다. 소통하고 싶다.

서울역, 신촌역, 노량진역……. 사람이 북적이는 곳이면 어디든 간다. 광장 귀퉁이에 마이크를 세워 두고 기타를 치며 노래한다.

가끔씩 잘 들었다며 건네주시는 청객들의 돈은 모금함으로 들어간다. 노래도 하고 어려운 이웃도 돕고. 목적이 무엇이었든 나눔으로 마무리하는 일과가 있어 고단함을 잊곤 한다.

8차선 도로로 둘러싸여 있는 서울역 광장은 아스팔트 빌딩 속에서 유난히 을씨년스럽다. 사람들로 가득 메워져 빈틈을 찾아 볼 수 없는 공간임에도 온기가 쉬 모이지 않는다.

노래를 부르는 헌승의 주변으로 몇몇의 사람들이 모여든다. 종종걸음이 조금씩 느려지고, 때론 멈춘다. 노래를 듣고 박수를 치고 웃는다. 사람들의 온기가 마치 돔처럼 자신을 감싼다.

이런 순간이다. 살아 있다는 느낌, 함께라는 든든함, 서로가 다르지 않다는 확신, 이해 받고 있다는 신뢰, 다정함. 희망.

날 선 도시의 풍경을 잠시나마 희망으로 바꿀 수 있는 힘이 노래라고 믿는다.

자신의 노래. 자신의 목소리. 들어 주고 환호해 주는 사람들. 올라

내려놓음 : 내 안으로 돌려라

가는 입꼬리.

밤이 깊어 간다. 하나둘씩 자리를 뜬다.

서울역 광장의 회색 아스팔트가 맨 얼굴을 드러낸다.

바람이 분다.

갈색으로 물든 나뭇잎이 흔들리며 부스스 소리를 낸다.

헌승은 기타를 가방에 넣는다.

자신을 둘러쌌던 숨소리들이 거짓말처럼 사라진 자리에서 주섬주섬 마이크를 접고 모금함을 챙기고 뒷정리를 한다.

혼자 남아 주섬주섬. 수없이 반복해 왔음에도 좀처럼 익숙해지지 않는다.

든든함, 신뢰, 확신, 다정함, 자신에 대한 믿음, 희망……. 쥐었다 싶으면 신기루처럼 사라져 버리고 가졌다 싶으면 빼앗기듯 놓쳐 버린다.

그럼에도 매일 거리로 나가는 건, 쥐었던 그것이 분명 존재했었다는 걸, 신기루가 아니라는 걸 확인하기 위함인지도 모른다.

막차를 타고 신림동에 내린다.

언덕길을 올라 고시원 앞에 선다.

반지하 방으로 한 계단 한 계단 내려간다.

사람들의 환호와 박수를 받는 동안 헌승은 그들과 같은 지면을 밟고 있었다. 그 광장, 그 아스팔트, 그 평평한 땅 위에서 눈을 마주보고 있었다. 지상보다 더 높은 무대로 올라갈 어떤 가능성을 꿈꾸고 있었나. 삽힐 늦했다.

밤이면 지상의 아래, 이렇게 한 계단 한 계단 아래로, 아래로 내려간다. 문을 열면 비좁은 공간에 모여 있는 친구들과 단출한 살림이 자신을 기다리고 있다.

이불을 덮고 바닥에 누워 잠을 청한다. 오늘따라 귀뚜라미 울음이 깊고 길다.

잠들기를 포기한다.

노트와 펜을 찾아 들고 밖으로 나간다.

계단을 올라 지상으로 가 선다.

동네 슈퍼 앞 작은 평상에 엉덩이를 붙이고 앉는다.

노트를 펴고 내일 해야 할 일을 적는다. 미사리 카페촌에 찾아갈 생각이다. 라이브 카페에 고정 출연하기 위해 오디션을 봐야겠다. 그 다음 날엔 낡아빠진 모금용 현수막을 새것으로 맞춰야겠다. 서울역 노숙자들을 위한 빵을 몇 개까지 살 수 있을지, 부족하진 않은지. 오디션이 또 언제 있더라……. 곰곰 되짚어 본다.

나는 아직 탈피하지 않은 애벌레. 어쩌면 번데기. 곧 나비가 되리란 걸 믿어. 혼잣말 하며 하늘을 본다.

어제보다 달이 차올라 타원형이다.

"넌 이미 나비야."

그가 말한다.

"그래요. 난 이미 나비에요. 나로써 온전하니까. 하지만 내 꿈은 아직 애벌레. 내 현실은 아직……."

"네 현실도 이미 나비야."

고개를 젓는다.

"오늘도 최선을 다한 너를 알아줘. 수고했다고 격려해 줘. 몸을 누이고 잠을 자. 네 몸과 맘이 쉴 수 있게."

"오늘따라 잠이 안 오네요. 한 게 없는 거 같고. 뭔가 더 해야 할 거 같고. 이대로는 안 될 것 같고."

"쫓기고 있구나."

"그런지도……."

"욕심에 쫓기고 있어."

"욕심일까요……. 내가 해야 할 최소한도 못하고 있는데."

"그 최소한이 무엇인데?"

"나만의 방 한 칸. 고정된 수입. 내 이름으로 발매된 앨범 한 장. 그 정도만이라도."

늦은 시간.

엄마에게서 전화가 온다.

집에 무슨 일이라도 생겼나 염려스럽다.

"오늘따라 잠이 안 온다. 니도 안 잤나?" 차분한 목소리에 긴장이 풀린다.

"왜 못 자고 그래요? 얼른 자요. 나 별 일 없어요." 담담한 현승의 말에 엄마는 말벗이 필요했는지 사소한 일상사를 자잘, 자잘 풀어놓는다.

공장에서 일했던 하루의 고단함. 뒷집 큰아들의 공무원 합격 소식. 티브이 프로그램 '전국노래자랑'에 어느 초대가수가 나올 때면 우리 아들도 저기 나왔으면…… 한다는 작은 바람까지.

통화를 마치고 휴대폰을 주머니에 집어넣는다.

달을 본다.

타원형이다.

번데기 모양이다.

"들어가 쉬어. 내일 아침이면 새로운 하루가 시작될 거야."

그가 부드러운 목소리로 등을 떠민다.

"할 일이 많아요."

"지금 네가 당장 해야 할 일, 할 수 있는 일이 무엇이냐."

모르겠다. 공무원 되라고, 농부는 되지 말라고 열두 살 때 자신을 도시로 유학 보낸 시골 깡촌의 내 아버지. 소 팔아 교육비 대며 집안에서 공무원 한 명쯤은 나와야 한다고 아버지는 입버릇처럼 말해 왔다. 태몽이 유난했다며 할머니는 어릴 때부터 자신을 남다르게 대했다. 엄마는 집안 형편이 나아지기를 바란다. 내 가족이 중산층으로 가기 위해 어떤 시도라도 해 보았다면, 그리로 가기 위한 줄 하나를 던져 놓았다면, 그건 자신일 것이다.

"그건 네 부모의 욕망이야."

"나도 원해요."

"어떻게 확신하지?"

"내가 이렇게 간절하니까요. 성공을 떠나 사람들 앞에서 노래하는 게 행복하니까요. 내 이름으로 발매된 앨범을 보는 상상, 내 노래가 거리의 스피커와 방송에서 흘러나오는 상상, 단독 콘서트와 객석의 관객을 보는 상상, 아찔하니까요. 온전히 내 즐거움이니까요."

"온전히?"

"온전한 내 꿈이에요."

"온전히?"

그렇다고 몇 번이고 곱씹는다. 오직 내 소망이고 내 꿈이라고. 한데 왜, 내 부모의 모습이 겹치는가. 그런 나를 바라보며 자랑스러워할, 다행스러워 할, 안심할 모습들. 그 모습에 더욱 기뻐할 내 모습.

"온전한 네 꿈이 아니기 때문이야."

"어릴 때부터 노래하길 좋아했어요. 빨래터에서 노랠 부르면 동네 어른들이 용돈을 주곤 했죠. 친구들도, 선생님도 내 노랠 좋아했어요. 지금도 난 노래하는 게 좋아요."

"노래하는 게 좋은 것이냐, 관심과 박수가 좋은 것이냐. 노래하는 게 좋은 것이냐, 사람들의 인정과 돈과 명예가 좋은 것이냐. 노래하고 싶은 것이냐, 성공하고 싶은 것이냐."

"노래하는 게 좋고, 이왕이면 성공하고 싶어요."

"이왕이면?"

사실 그렇게 가볍게 말할 수 없다. '이왕이면'은 곤란하다. 반드시

여야 한다. 그렇지만……왜?

"그래. 왜냐고 물어라. 왜 반드시 성공해야만 하느냐."

모르겠다. 어디까지가 꿈이고 어디까지가 기대에 부응하기 위함인지. 어디까지가 소망이고 어디까지가 욕심인지.

"인간은 타자의 욕망을 욕망한다."

"라캉이 한 말이죠."

"그래. 너는 타자의 욕망을 욕망하고 있어. 다시 말하마. 네 안에는 타자인 네 부모에게 인정받고 싶어 하는, 그것을 욕망하는 어린아이가 있다. 이제는 부모만이 아닌 모든 타자에게로 그 시선이 확장되어 있어."

"인정 욕구는 본능이에요."

"이제는 한 명의 어른, 세상에 단 하나뿐인 '너'라는 걸 알게 된 고유한 존재 아닌가. 네가 진짜 원하는 것을 찾아 나설 때야."

"그래요. 나는 부모와 다른 객체고 개별자예요. 그런데 내가 바라는 게 누구의 것인지 구분할 수가 없어요. 언제부터 시작됐는지 모를 바람과 소망과 꿈. 불순물처럼 섞인 욕심과 조바심. 이런 것들이 분리가 잘 안 돼요."

"걸러낼 수 있어. 분리하고 구분할 수 있어. 해체할 수 있어."

"……"

"사랑 받아야만 한다는 생각을 내려놔."

사랑? 갑자기 명치 끝이 막힌 듯 답답해진다.

"사랑 받지 못하면 안 된다는 생각을 내려놔."

체한 것 같다.

"너여야만 한다는 생각을 내려놔."

목구멍에 뭐가 걸려 있다.

헛기침을 해 봐도 나오질 않는다.

"밖으로 향해 있는 시선을 안으로 돌려라."

시장 한복판에서 엄마 잃고 어쩔 줄 몰라 하는 어린애 같은 심정이다.

무엇을. 어떻게. 왜. 모든 것이 엉켜 있다.

그냥 이렇게 열심히, 꾸준히 하면 되는 거라 믿어 왔다.

그냥 이렇게. 내가 선택한 삶이라고. 내가 걷고 있는 삶이라고.

"상(相)을 선택했을 뿐, 삶을 택한 것이 아니야."

"무슨 상(相)을 말하는 거죠?"

"네 부모가 가진 삶과 성공에 대한 상(相). 네게 부여되었다고 믿는 임무의 상(相), 다수의 타인들이 좇고 있는 수많은 상(相), 네 소명이라고 착각하고 있는 그 상(相). 신과 우주가 네게 원하고 있는 게 있을 것이라는 상(相), 바른 것과 옳은 것이 있다고 믿는 상(相)."

"바른 것과 옳은 것도 없다는 말인가요?"

"지금 그렇게, 네 자신이 맞다고 믿는 상(相). 그 모든 것을 내려놔."

어쩌란 말인가. 산에라도 들어가란 말인가. 규범이 있고 상식이 있고 질서가 있다. 계층이 있고 그에 맞는 삶의 모습이 있다.

어떻게 다 놓아 버리고 생활인으로 살아갈 수 있겠는가. 다 놓아 버리고 삶을 살아갈 수 있겠는가 말이다.

"삶을 살라는 말이다."

"내려놓으라면서요."

"내려놓으면 삶이 멈추기라도 한다는 것이냐."

그럴 것만 같다.

"내려놓으면 진정한 삶이 온다."

"……"

"진정으로 내려놓으면 네 본성이 원하는 게 뭔지 알 수 있어. 원하는 것을 얻기 위해 자유를 희생하지 않을 수도 있어. 자연스러운 너만의 질서를 찾을 수 있어. 그렇게 더욱 자유로울 수 있어. 그때에야 진짜 삶이 온다."

사랑 받지 않고도, 인정받지 않고도, 타인의 기준과 동떨어지게 살고도 괜찮을 수 있을지. 살아남을 수 있을지. 외롭지 않을 수 있을지……. 내가 아무것도 아니게 되면……. 그럼 어떻게 되는 건지…….

"그런 모든 관념과 사고와 시각들을 놓는 거다."

"두려움이 올라오네요."

"너는 모르겠지만 욕망의 대부분이 과거의 힘들었던 기억과 연관되어 있단다. 자신을 잘 들여다봐. 가만히 관찰하면 보인다."

눈을 감는다.

무엇을 관찰해야 할지 막막하다.

몸 안에 뻗어 있는 모든 핏줄들이 팔딱팔딱 이완과 수축을 반복하고 있다.

"과거는 과거일 뿐 현재가 아니야. 그러나 현재의 네게 지대한 영향을 미치고 있는 과거라면 반드시 직면해야 해. 그렇지 않으면 자신도 모르게 현재로 만들어 버리곤 하니까. 괴로운 과거를 똑바로 보지 않으면 벗어날 수 없어."

짙은 안개 속에 있다.

무엇도 보이지 않는다.

내 꿈과 소망과 욕망의 시작이 과거의 기억에 있다는 것조차 모르겠다.

"머리로 생각하기보다 노트에 기억을 적어 보는 게 좋아. 하나하나 글로 적다 보면 그때 그 시절과 상황을 어떻게 인식하고 있는지 해체해서 볼 수 있단다."

노트 뒷장을 펼친다.

쓴다.

농사보다 사업을 하고 싶어 했던 아버지. 촌에서 썩지 말고 도시로 나가라던 말. 매일 공장에서 양파 망을 옮기는 엄마. 열두 살 때부터 혼자 자취하며 느껴 온 외로움과 책임감과 원망과 결핍. 잘하고 싶다는 마음. 머리 위를 달리던 주판. 혼자였던 졸업식. 사랑 받고 싶다는 갈망. 노래할 때 나를 봐 주던 사람들.

"덮어 두지 마라. 그때 느낀 고통의 감정을 바라봐. 감정에 빠지라는 게 아니야. 그 감정을 느끼던 너를 바라보고, 그 감정의 느낌을 바라보는 너를 또 바라봐."

파고든다.

바라본다.

아토피로 늘 진물이 나던 피부. 약을 발라도 그때뿐인 가려움증. 친구들의 놀림. 빨간 고무다라이로 불리던 날들. 부끄러운 감정 속에 있었다. 그 감정을 바라본다. 부끄러운 감정 속에 있는 나를 바라보는, 나를 바라본다. 그 모든 것. 그 모든 감정. 마르지 않는 우물처럼 계속 고이는 기억과 감정이다.

"그때의 자신을 받아들여 줘. 그 상황을 이해하고 인정하고 존중해 줘."

이해하라. 인정하라. 존중하라.

이해하라. 인정하라. 존중하라.

어쩌나, 돌아볼수록 아프다.

"과거는 지나갔어. 어떤 방법으로도 돌이킬 수 없고 바꿀 수 없어. 그 아픔으로 과거를 수정할 수 있을까? 지나간 추억, 생각, 고통, 번뇌, 괴로움이 네 미래의 무엇을 담보할 수 있지?"

아프다.

같은 고통을 다시 겪지 않기 위해 노력할 수는 있지 않을까. 과거의 의미는 거기에 있지 않을까.

"과거를 통해 배울 수 있지. 거기까지만 해. 그 과거가 네게 보상 심리로 작용해 꿈이라는 탈을 쓰고, 소망이라는 가면을 쓰게 해서는 안 돼. 네 기억 속, 부모님의 욕망이 네 욕망이라고 착각해서는 안 돼. 사랑 받고 싶었던 그 갈증이 네 삶의 바탕에 단단한 상(相)으로 굳어지게 해서는 안 돼. 어느새 족쇄가 되어 있는 지금을 방치해서는 안 돼."

사랑 받지 않아도 괜찮을 도리가 없다.

족쇄다.

갇혀 있다.

"그때의 자신을 인정해. 그랬었다고 받아들여. 존중해 줘. 과거의 너를."

"사랑 받고 싶었어요. 지금도 사랑 받고 싶어요."

"네 자신이 널 충분히 사랑해 주는 것으로 족해. 타인의 사랑으로 네 가치를 저울질할 수는 없어. 타인에게 그런 자격을 주지 마라."

"미움 받고 싶지 않아요. 무관심도 싫어요."

"사랑 받지 못한다고 해서 미움 받는 게 아니야. 사람은 누구나 자신에게 관심이 있어. 타인에게 갈 용량이 부족해. 그걸 왜 갈구해야 하지? 타인에게 혹은 부모에게 사랑을 받든 그렇지 못하든, 관심 받든 아니든 그게 너라는 존재에게 결정적인 영향을 줄 수는 없어. 그렇게 되어선 안 된다."

사람은 사회적 동물 아닌가. 사랑만큼 소중한 게 어디 있나.

"그 모든 걸 인정해. 부정하란 말이 아니야. 다만 네가 너를 사랑하는 것으로 족하다는 것부터 깨달으란 거야. 밖으로만 뻗어 있는 시선을 거두고 그 시선을 네 안으로 돌려 봐."

자랑스러운 자식이 되고 싶었다. 부끄러움을 만회하기 위해 성공하고 싶었다. 실은 이렇게 멋진 사람이었다고 재평가되고 싶었다. 내 마음은 원래 이렇다고, 오해하지 말라고 항변하고 싶었다. 보여주고 싶었다. 존경 받고 싶었다. 사랑 받고 싶었다. 그래서 열심히 노력해 왔다. 바쁘지 않은 하루는 게을리 낭비한 하루 같았다. 더 할 것이 없는지 쉼 없이 찾아보았다. 꿈은 그렇게 이루는 거라 생각했다. …… 그런데, 왜 공허해지곤 하는지 모르겠다.

"그 공허를 바라봐. 지켜봐. 해체해 봐. 네가 정말로 바라고 원하는 것이 집착인지 소망인지, 욕심인지 꿈인지. 서서히 구분되어 갈 거야. 시간이 걸리겠지만."

"혼란스러워요."

"기억해. 과거의 기억은 대부분 나에게 도움이 되지 않아. 그렇기 때문에 직시하고 바라봐야 해. 그 과거가 아프고 고통스러운 것일수록 고통의 핵심을 파고 들어가야 해. 곪은 종기의 고름을 짜내듯. 그래야 빈자리가 드러난다. 새살이 들어찰 공간이 생긴다."

"이게 내려놓음의 과정인가요."

"내려놓음의 한 단계를 밟는 거지. 나의 핵심 생각, 핵심 기억부터 놓아 버리기. 해체하기 말이다."

다시 노트에 글로 적고, 또 적는다.

기억을 되살리고, 감정을 떠올리고, 그랬던 나를 바라보고, 바라보는 나를 바라본다.

한참의 시간이 흐른다.

"바르게 앉아 봐."

구부정한 허리를 펴고 다리를 바닥에 내려놓는다.

"손을 무릎 위에 편안하게 올려 봐. 손바닥은 위를 향하게 하고. 자, 입을 닫고 코로 숨을 깊게 들이마셔. 입을 작게 벌려 가늘게 내쉬어. 눈을 감아도 좋고 떠도 괜찮아. 자, 다시 한 번 코로 숨을 깊게 들이마시자. 다음 입으로 천천히 내쉬어."

코로 깊게 들이마신다. 입으로 천천히 내쉰다.

코로 깊게 들이마신다. 입으로 천천히 내쉰다.

코로 깊게 들이마신다. 입으로 천천히 내쉰다.

"이제 입을 닫고 코로만 숨을 들이쉬고 내쉬어 보자. 들숨과 날숨을 가만히 지켜봐."

코로 숨을 들이켜고 코로 숨을 내보낸다.

코로 숨을 들이켜고 코로 숨을 내보낸다.

코로 숨을 들이켜고 코로 숨을 내보낸다.

들숨과 날숨을 느낀다.

오가는 숨소리가 들린다.

"자, 내려놓은 양손을 들어서 손등을 위로 하고 쭉 펴 봐. 앞으로 나란히 하듯. 그리고 네 앞에 유유히 흐르는 강물이 있다고 상상해 보는 거야. 맑고 평온하게 흘러가는 물줄기. 햇살을 받아 반짝이는 물결. 평온한 마음으로 그 흐름을 바라봐."

물이 흘러간다. 막힘없이.

"마음속에 자리 잡은 괴로운 기억이나 아픈 존재를 떠올려 봐."

아버지와 엄마가 떠오른다. 그들의 소망과 바람이.

"코로 숨을 깊게 들이마시며, 들려 있는 양손으로 그것들을 잡아. 꽉 쥐어."

숨을 들이 마시며 손가락을 주먹 쥐듯 모은다.

움켜쥔다.

"잠시 숨을 멈추고 입으로 후우, 내쉬면서 꽉 쥔 손을 쫙, 펼쳐라. 그대로 강물에 놓아 버려."

입으로 숨을 내쉬며 쥐었던 손을 확 펼친다.

강물 위로 부모님의 소망과 바람이 날아간다.

첨벙, 소리와 함께 수면 위로 떠내려간다.

"또 올라오는 기억이나 아픈 존재를 떠올려 봐. 아까 그것이 또 올라온다면 다시 하는 거야. 새로운 기억이면 새로운 대로. 새로운 존재면 그런대로. 아까의 것이면 그것대로. 자."

내 어깨를 누르는 내 부모의 소망들.

다시 해 본다.

"코로 숨을 깊게 들이마시며, 들려 있는 양손으로 그것들을 잡아. 꽉 쥐어."

숨을 들이 마시며 손가락을 주먹 쥐듯 모은다.

움켜쥔다.

"잠시 숨을 멈추고 입으로 후우, 내쉬면서 꽉 쥔 손을 쫙, 펼쳐라. 그대로 강물에 놓아 버려."

입으로 숨을 내쉬며 쥐었던 손을 확 펼친다.

강물 위로 부모님의 소망과 바람이 날아간다.

첨벙, 소리와 함께 수면 위로 떠내려간다.

"그렇게 하고, 또 하는 거다."

그들의 욕망과 소망과 바람이 강물 속으로 던져진다.

흘러간다.

강물 속으로 던져진다.

흘러간다.

강물 속으로 던져진다.

흘러간다.

다시…… 또 다시…….

귀뚜라미 울음소리가 멈춘다.

"이제 네가 원하는 모든 것들을 떠올려라."

"너무 많아요."

"그중에서 반드시 되어야만 한다고 믿는 것. 안 되면 괴로워질 것.

집착이 되어 버린 것. 걱정, 두려움, 아쉬움, 아픔, 절망을 부르는 것.
그것들을 떠올려 봐."

"그게 가짜인가요."

"스스로 알게 될 거야."

지하방에서 탈출하고 싶다. 지상으로 오르고 싶다. 늘 제자리인
현실이 싫다.

"눈을 감고 강물을 상상해."

눈을 감는다.

"코로 숨을 들이마시며, 들려 있는 손으로 그 싫은 마음을 잡아."

숨을 들이마시며 손가락을 주먹 쥐듯 모은다.

움켜쥔다.

"잠시 숨을 멈추고 입으로 후우, 내쉬면서 꽉 쥔 손을 쫙, 펼쳐라.
현실에 대한 불만을 강물에 놓아 버려."

입으로 숨을 내쉬며 쥐었던 손을 확 펼친다.

강물 위로 현실 부정과 불만이 날아간다.

첨벙, 소리와 함께 수면 위로 흘러간다.

수차례 반복한다.

"사랑 받고 싶은 마음도 내려놓고 싶어요."

"코로 숨을 들이마시며, 들려 있는 양손으로 그 집착을 잡아."

숨을 들이마시며 손가락을 주먹 쥐듯 모은다.

움켜쥔다.

내려놓음 : 내 안으로 돌려라

주먹이 단단하다.

"잠시 숨을 멈추고 입으로 후우, 내쉬면서 꽉 쥔 손을 쫙, 펼쳐라. 사랑 받고 싶다는 마음의 집착을 강물에 놓아 버려."

입으로 숨을 내쉬며 쥐었던 손을 확 펼친다.

강물 위로 사랑 받고 싶다는 마음의 집착이 날아간다.

물과 함께 흘러간다.

하나씩 수면 위로 흘러가고 멀어진다.

다시 집착이 올라온다.

쥐고 놓는다.

흘러가고 멀어진다.

불쑥 의구심이 올라온다.

"다 내려놓으면 뭐가 남는 거죠. 열심히 죽어라 추구해 왔던 것들을 이렇게 다 놓아 버리면요.

"죽어라 하기 때문에 안 되는 거야."

"무슨 말인지 모르겠어요."

"죽어라 노력하고, 간절히 원하고, 힘들어도 참고, 바둥거릴수록 이룰 수 없어."

"다들 그렇게 해요. 그래야 겨우 이뤄요."

"정말 그럴까? 소수의 성공 신화를 쉽게 믿어 버린 건 아니고? 감춰진 고통을 간과한 건 아니야? 간절히 원할수록 욕망은 점점 커질 수밖에 없어. 그 크기가 방대해질수록 네게로 오는 시간은 더 길어져. 그만큼 멀게 느껴지고, 그만큼 어렵게 느껴져. 안 그런가?"

인정할 수밖에. 지금 이렇게 낟알인지 쭉정이인지도 구분 못하고 있지 않은가. 그걸 이고 지고 죽어라, 내일의 걱정으로 잠 못 이루며 나를 재촉하고 있지 않은가. 그 실체가 뭔지도 모른 채 말이다.

"집착은 성공의 디딤돌이 아니라 걸림돌이야. 꽉 찬 잔에는 물을 담을 수 없어. 내려놓고 비워 버려야 채울 공간이 생긴다."

내가 채운 것은 무엇이었나.

오직 욕심뿐이었나…….

"간절함으로, 힘듦을 참는 식으로, 집착하는 식으로 하는 건 네가 진정 원하는 게 아니야. 첫 단추가 잘못 끼워졌어. 내려놓으면 진정 원하는 것부터 알 수 있다. 그러면 담긴다. 네 것, 네 몫이."

비워야 담을 수 있다……. 이 세상에서 통용되는 말일까. 세상이 그렇게 호락호락할까.

"꿈같은 소리가 아니야. 내려놓고 비우면, 네가 원하던 원하지 않던 필요한 것들이 빈 곳으로 흘러오게 된다. 그게 우주의 섭리야."

"비현실적이에요."

"지극히 현실적이야. 꾸준히 알아차리고 내려놓다 보면 욕심, 집착, 상(相)이 사라진다. 그때 또 한 번 네 본성의 목소릴 듣게 될 거야. 그 소리를 따라가기만 하면 돼. 진짜 네가 원하는 곳으로, 진짜 네가 원하는 것을 향해, 한 걸음 한 걸음 가는 거야. 물 흐르듯. 그러다 보면 이루어지고 채워진다. 자연스럽게. 또한 자유롭게."

자연스러움. 자유로움.

진정 원해 온 건 모든 것으로부터의 자유인지 모르겠다.

갖고 쥐고 얻으려 하면서도 탈출하고 싶던 양가감정. 때로 느껴지던 부질없음. 이게 전부일까. 맞는 걸까. 의심스럽던 순간들.

지치지 말자고 자신을 다독이는 것만으론 부족했다. 그럴수록 더 바쁘게 살았다. 나태함을 반성했다. 부족함의 근원을 몰랐으니까.

"그렇게 자연스럽고 자유로운 상태. 더없는 행복감. 더 바랄 것 없는 충만감. 평온함. 그걸 지복이라고 해. 매 순간 알아차리고 내려놓는다면 지복의 상태를 유지하며 살 수 있어."

"좋군요."

"돈으로 살 수 없고 명예로도 구할 수 없지. 오감으로 느껴지는 것만이 전부라고 믿지 마. 그걸 만족시키는 데만 급급하지 마. 이루려는 감정은 힘이 없어. 진짜 에너지가 아니야."

내 안에 있는 진짜 에너지를 만난다면 헛되다고 느껴지는 모든 것들을 과감하게 놓아 버릴 수 있을까.

"놓아 버려야 진짜 에너지를 만난다. 순서를 바꿔라."

순서를 바꾸라고 한다.

순서를 바꾸라고.

"네 눈을 가리고 있는 그 많은 헛것들을 버려. 놓고 비우기만 하면 돼. 당장은 힘들겠지. 아플 거야. 그저 꾸준히 올라올 때마다 내려놓기만 해."

그러고 싶다. 그 지복을 맛보고 싶다. 하지만 벌써 막막하다. 지친다.

"내려놓을 기억이, 사람이, 환경이, 욕심이 너무 많아요. 끝도 없을 것 같이."

"당연해. 내려놓을 것들을 인지하고 선택하고 실행하는 것만으로도 버거울 거야. 막 생긴 상처처럼 욱신거리고 아플 거야. 놔둬. 새살이 돋을 때까지. 아플수록, 가려울수록, 신경 쓰일수록 손대지 마. 강물에 그냥 던지는 거야. 하나씩 하나씩. 꾸준히."

이 순간부터 그냥 하나씩.

하나 내려놓으면 한군데의 빈자리가 생겨나겠지.

그렇게 가 보는 건 어떨까.

그냥 지금 이대로.

"생각이 일어나면 들숨과 날숨을 쉬면서 동시에 주먹을 꽉 쥐었다가 펼쳐. 손을 직접 쥐었다 펴도 좋고, 머릿속으로 상상만 해도 좋아. 쥐고 있는 게 보이는 순간 내려놓아."

"알겠어요."

"내려놓을수록 순조롭게 흘러가. 긍정적인 마음이 올라오고 희망으로 가득 차게 돼. 살아감에 걸림 없이 물 흐르듯 이루어질 거야. 내려놓는다면."

"내려놓는다면."

"그래. 내려놓는다면. 무엇보다 '네가 맞다'라는 상(相)을 내려놓는다면. 그런 마음을 바탕으로 내려놓음을 실천한다면.”

“'내가 맞다'라는 상(相)을 내려놓는다면. 그런 마음을 바탕으로 내려놓음을 실천한다면……말이죠.”

내가 아는 것이 다가 아니다.

내가 보는 것이 다가 아니다.

내가 느끼는 것이 다가 아니다.

내가 믿는 것이 다가 아니다.

곱씹고 곱씹는다.

“따라해 봐. 인정받고 싶다는 마음을 내려놓겠습니다.”

“인정받고 싶다는 마음을 내려놓겠습니다.”

“빨리 가고 싶다는 마음을 내려놓겠습니다.”

“빨리 가고 싶다는 마음을 내려놓겠습니다.”

“잘하고 싶다는 마음을 내려놓겠습니다.”

“잘하고 싶다는 마음을 내려놓겠습니다.”

“물욕의 마음을 내려놓겠습니다.”

“물욕의 마음을 내려놓겠습니다.”

이건 뭐지.

난데없게도 이유 없는 분노가 올라온다.

갑자기 두렵다.

뭔가 이건.

왜 또 막막함이 올라오는가. 왜 또 불안함이 올라오는가. 왜 또…….

"저항이야. 의식의 저항. 네 삶은 이런 모습이어야 한다고 세워 둔 그 단단한 상(相)이 너를 붙들고 있는 거야."

"당황스러워요."

"지금 당장의 손익을 따지지 마. 계산하지 마. 짐작하지 마. 욕심 부리지 마. 놓으면 이렇게 될 거야, 이렇게 되기 위해 놓아야 해. 그런 마음을 버려. 말했듯이, 순서를 바꿔."

노래할 때마다 모이고 흩어지던 사람들. 쏟아졌다 사라지는 박수 갈채. 지하방으로 내려가며 느껴지던 좌절감. 내 것인지 아닌지도 모른 채 지고 있는 어깨의 짐들. 내 책무라고 믿어 온 것들. 옳고 바름에 대한 기준들. 그 모든 것들.

내려놓고 다시 가지려 하지 말자.

가지려고 내려놓지 말자.

순서를 바꿔.

순서를 바꿔.

"따라해 봐. 사랑 받아야만 한다는 마음을 내려놓겠습니다."

"사랑 받아야만 한다는 마음을 내려놓겠습니다."

"눈을 감고 흐르는 강물을 떠올려. 두 팔을 올려. 코로 숨을 깊게 들이쉬면서 '사랑 받아야만 한다는 마음'을 쥐어라."

눈앞에 맑은 강물이 흐른다.

두 팔을 올리고 코로 숨을 깊게 들이마신다.

'사랑 받아야만 한다는 마음'을 떠올린다.

그 간절했던 '사랑'을 꽉 쥔다. 너무 꽉 쥐어 주먹이 덜덜 떨린다. 살에 손톱이 박혀 아리다.

"이제 입으로 천천히 숨을 내쉬면서 주먹을 쫙 펴라. '내려놓습니다' 속으로 말하며 강물에 놓아 버리는 거야."

입으로 숨을 내 쉬며 꽉 쥔 주먹을 편다.

'내려놓습니다.'

손에서 강물로 떨어뜨리어진 그것이 물 위에 둥둥 뜬 채로 자신을 바라보고 있다. 흘러가지 못하고 그저 둥둥 떠 있다. 물 위에서 뱅뱅 맴을 돈다.

한참을 머뭇거리다 아주 천천히, 조금씩, 조금씩 멀어져 간다.

긴장으로 단단해진 팔을 내려뜨린다.

후들거린다.

땀 고인 주먹이 얼얼하다.

고개를 들어 타원형의 달을 본다.

그저, 달이다.

{ 귓전에 말하다 }

모든 진리는 내 안에 있습니다.
나를 힘들게 하는 것은 나밖에 없습니다.
내가 나의 생각을 내려놓고 욕심을 내려놓으면
진정 편안한 삶이 그제야 다가옵니다.

내 안을 잘 들여다봅니다.
가능하면 자세히, 더 고요히, 더 찬찬히
관찰하면 할수록 더 분명하게 보입니다.

과거의 생각은 지금과 연결되어 있습니다.
지금의 생각은 미래와 연결되어 있습니다.

미래의 불안함이 내 마음에 있다면
내 현재의 마음에도 불안이 있습니다.

지금 내 자신을 사랑하지 않는 마음은
과거에서부터 시작한 마음의 씨앗입니다.

내려놓음 : 내 안으로 돌려라

미래의 나를 사랑하고 보듬어 주고 싶다면
지금의 마음부터 사랑으로 채워야 합니다.

나를 사랑하고 아끼고 존중하되
나만을 위한 이기적인 마음을 알아차립니다.

'내가 옳다'라는 생각을 내려놓습니다.
'내가 옳다'라는 생각은
이미 자신의 '아상'에 사로잡혀 있는 상태입니다.

모든 괴로움과 얽매임은
'내가 옳다'라는 생각에서 시작됩니다.

그 괴로움에서 벗어나려면
밖으로 향해 있는 마음을 내 안으로 되돌려야 합니다.
되돌리고 내 안을 관찰하는 순간
모든 괴로움이 내 안에서 시작된 것임을 알게 됩니다.

인간은 자연입니다.
자연은 끊임없이 비워 냅니다.
인간은 비워 내지 못하고 채움에 익숙합니다.

채우기 위해서는 먼저 비워 내야 합니다.

억지로 비워 내지 말고

그저 물 흐르듯 흘려보냅니다.

존재는 자연스러울 때 가장 큰 힘이 있습니다.

자연스러움.

자연처럼.

자연과 같이.

내려놓고

놓아 버리고

자연처럼

순조롭게 오늘도 비워 냅니다.

물 흐르듯 흘려보냅니다.

물 흐르듯 흘려보냅니다.

물 흐르듯.

물 흐르듯.

내려 놓음 : 내 안으로 돌려라

귓전 확언

나는 지금 내려놓는다.

나는 지금 놓아 버린다.

나는 지금 흘려보낸다.

나는 지금 비워 낸다.

모든 원인은 내 안에 있다.

모든 시작도 내 안에 있다.

모든 정답은 내 안에 있다.

모든 진리도 내 안에 있다.

나는 매 순간 내려놓는다.

나는 매 순간 놓아 버린다.

나는 매 순간 흘려보낸다.

나는 매 순간 비워 낸다.

모든 것이 순조롭게 정리된다.

모든 것이 순조롭게 흘러간다.

모든 것이 순조롭게 해결된다.

모든 상황이 물 흐르듯 정리된다.

모든 상황이 물 흐르듯 흘러간다.

모든 상황이 물 흐르듯 해결된다.

나는 모든 면에서 물 흐르듯 나아진다.

나는 모든 면에서 물 흐르듯 나아진다.

나는 모든 면에서 물 흐르듯 나아진다.

나는 매일매일 물 흐르듯 좋아진다.

나는 매일매일 물 흐르듯 좋아진다.

나는 매일매일 물 흐르듯 좋아진다.

희망 의식 뿌리기

1
시각화
행복감에 초점을 맞춰라

주말 저녁.

명동 한복판의 라이브 카페는 손님들로 가득하다.

초대 가수가 개인 사정으로 불참한 자리에 헌승이 대타로 섰다. 테이블을 가운데 두고 모여 맥주잔을 기울이는 사람들. 칵테일을 마시는 연인. 커피잔을 감싸들고 향을 맡는 커피마니아들.

겨울 초입.

통기타 반주에 맞춰 노래를 부를 때마다 손님들은 기꺼이 청객이 되어 리듬에 몸을 맡겨 준다. 오늘따라 신청곡이 끊이지 않는다.

은은한 조명과 푹신한 의자. 히터의 온기와 테이블 위 작게 흔들리는 양초와 가을을 보내는 아쉬움과 주말의 여유. 그리고 노래.

자정이 가까워서야 카페는 한산해진다.

아르바이트생들이 테이블과 바닥을 정리하는 동안 헌승은 주인에게 두툼한 일당 봉투를 받고 카페 밖을 나선다.

텅 빈 명동 거리 안으로 깊숙이 들어온 바람이 머리칼을 흩트린다. 시원하고 따뜻하게, 야릇한 바람이다.

이대로 좋다. 지금이 좋다. 매일이 지금 같으면 바랄 것이 없겠다.

"그렇다면, 매일 이렇게 행복한 네 모습을 머릿속으로 그려 보렴."

그의 목소리가 바람을 타고 온다.

"오늘처럼 초대 가수가 펑크 내는 일은 흔치 않아요. 오늘은 그야말로 '운수 좋은 날'이죠."

"라이브 카페에서 노래하는 모습을 상상하라는 게 아니야. 내일도 모레도 지속될 '지금 네 기분'을 상상해 보라는 거야."

"내일도 카페에서 노래 부르는 내 모습. 오늘처럼 관객들의 호응도 좋고 교감도 되는 그런 날의 지속. 상상만 해도 좋네요."

"'카페에서'라는 전제를 빼 보는 게 어떨까?"

"그걸 빼면 오늘 같은 경험은 없죠."

"그렇게 생각해?"

"당연하죠."

"환경이 먼저 주어졌고, 덕분에 네 마음이 충만해졌다는 거구나."

"……"

"바꿔 볼까."

시각화 : 행복감에 초점을 맞춰라

"……"

막차가 온다. 버스의 빈 의자에 앉는다. 지그시 눈을 감는다. 코로 숨을 깊게 들이마신다. 입으로 길게 내쉰다.

코로 숨을 깊게 들이마신다. 입으로 길게 내쉰다.

코로 숨을 깊게 들이마신다. 입으로 길게 내쉰다.

"이마의 힘을 편안하게 빼 봐. 그저 이마, 이마, 이마……. 반복해서 말하고 떠올려 봐."

"이마, 이마, 이마……."

이마의 근육이 이완되는 느낌이다.

"미간 사이의 힘을 편안하게 빼 봐. 미간 사이, 미간 사이, 미간 사이……. 반복해서 말하고 떠올려 봐."

미간 사이의 힘이 풀리자 눈썹 양 끝이 아래로 내려온다. 눈도 따라 내려온다.

"얼굴 광대, 양쪽 볼, 코, 인중, 윗입술, 아랫입술, 혀, 턱. 차례로 힘을 빼 봐. 목, 어깨, 가슴, 팔, 골반, 허벅지, 무릎 다 떠올리고 힘을 풀어."

얼굴, 상체, 하체에 들어간 힘이 스르르 풀려 간다.

힘을 주고 있었구나…… 알아차린다.

"편안하니?"

"그러네요."

"늘 타고 다니던 이 버스 안의 환경은 그대로인데 너는 어째서 조금 전보다 편안해졌을까?"

버스 안을 휘 둘러본다. 자신의 앉은 자리를 본다.

그렇구나…….

"자. 또 해 보자. 머릿속으로 주먹만 한 크기의 초록 햇사과를 떠올려 봐. 초록 햇사과, 초록 햇사과, 초록 햇사과……. 계속 떠올려봐."

초록빛으로 익은 단단한 햇사과가 떠오른다.

"그 사과를 들어 입으로 한 입 베어 먹어 봐. 그렇게 떠올려 봐."

시큼하다. 턱 양 끝이 찌릿하다. 침이 고인다.

"눈을 떠 봐."

버스 운전기사 아저씨의 뒤통수가 보인다.

버스의 진동에 따라 흔들리며 앉아 있는 자신의 손에는 아무것도 들려 있지 않다.

"실재하는 사과가 없어도, 네 입에는 침이 고이고 혀는 시큼함을 느꼈지 않니. 뇌는 상상과 현실을 구분하지 못해. 진짜와 가짜를 구분 못하지."

"그래서 기분을 떠올리라는 거군요."

"매일 라이브 카페의 무대가 네게 주어지지 않아도 괜찮아. 무대에 올라가기 전 설레는 너의 마음. 노래를 부르며 사람들과 교감하는 충만감, 공간을 채우는 너의 목소리, 노래를 부르고 내려올 때의 만족감, 뿌듯함. 그걸 떠올리는 것만으로도 뇌는 행복감에 젖는단다.

내일도 모레도, 그런 기분일 거라고 상상해 봐."

상상해 본다.

"생생하게, 묘사하듯, 마치 정말 보이는 것처럼, 현실인 것처럼 그려 보는 거야. 이런 걸 '시각화'라고 해."

"상상은 상상일 뿐이에요."

"시각화를 통해 네 것이 된 상상은 현실이 된다."

"그런 허황된 얘기라면……."

"고급 차, 고액이 든 통장, 고가의 집, 합격, 승진, 명예, 권력, 인기……. 그런 목표나 도달할 어떤 곳을 상상하라는 게 아니야. 목적이 담긴 시각화는 오히려 간절함과 결핍의 감정을 강화해. 아무리 그것을 '가지고 있다. 이미 이루었다' 느끼려 해도 마음 깊은 곳에서 부담감과 거부감이 올라올 수밖에 없어. 그렇게 되어야만 한다는 상(相)은 자연스러운 감정이 아니니까."

"기분은 느끼되 목적은 갖지 말라? 어렵군요."

"마음속에 어떤 목적이나 바람이 있겠지. 초점을 거기에 두지 말라는 거야."

"……"

"목표를 향한 마음이 아니라 과정을 밟아 가는 마음. 도달할 곳이 아니라 가고 있는 삶의 그림. 가지려는 대상이 아니라 가지기 위해 한 걸음 한 걸음 걷고 있는 모습. 가진 후에 진정 느껴지는 감사의 감정. 그런 과정을 시각화하라는 거야."

"과정의 시각화라……."

"부담스럽지도 부자연스럽지도 않은, 그저 담담히 가는 과정. 만족해하는 마음. 걸림 없이 물 흐르듯 이어지는 감정. 그런 편안함이 선행되어야 하려는 모든 일이 순조롭게 이어질 수 있지 않을까?"

다시 그려 본다.

라이브 카페에 고정 출연하게 되든 아니든, 가기 전에 느끼는 기쁨. 사람들과 눈 마주치며 공감하는 순간들. 노래하고 나오면서 맡는 바람 냄새. 그런 만족감이 내일도 모레도 지속될지 어떨지 모르겠지만 앞으로도 그렇게 살게 될 거라는 믿음과 행복감. 안정감. 버스를 타고 집으로 돌아가면서 창밖을 내다보는 편안한 얼굴을 그려 본다.

"그래. 그렇게 그려 보는 거야. 눈을 감고 아주 생생하게, 잡힐 듯이 말이야."

저절로 입꼬리가 올라간다.

참, 좋구나.

"잠재의식은 지금 네 기분과 소망이 진짜라고 착각한단다. 내일도 모레도 계속될 현실이라고 믿어. 그 믿음이, 숨어 있던 잠재의식의 무한한 능력을 깨우고 있어. 자극 받은 희망 의식은 앞으로도 그렇게 되도록 너를 이끌어 가려 해. 그 본성의 소리를 따라가면 되는 거야."

"내가 한 시각화로 본성을 깨우고, 깨어난 본성을 따라가라는 건가요?"

"그렇지. 그리하여 그것은 곧 현실이 된다."

"그리하여 그것은 곧 현실이 된다……."

"무엇보다 네가 시각화한 것들을 의심 없이 믿어야 해. 믿어야 잠재의식도 믿는다."

되든 안 되든 믿으라.

상상만으로 행복하니까, 그래 보기로 한다. 자신에게 족한 것은 행복감이니까. 그런데, 현실화되지 못한다면…….

"그런 잡념은 그저 흘려보내라. 행복한 지금에 집중해. 자연스러운 시각화와 그에 끌려오는 본성에 너를 맡기면 돼."

"내려놓은 자리에 드러난 그 본성의 소리처럼 말인가요?"

"중요한 건 본성의 소리. 본성의 얼굴. 본성의 바람. 본성의 능력이야. 시각화 또한 본성을 깨우는 아주 좋은 방법이지."

코로 깊게 숨을 들이마신다.

입으로 천천히 숨을 내쉰다.

몸에 힘을 빼고 다시 눈을 감아 본다.

"한 수험생이 있다고 생각해 보자. 입시든, 공무원 시험이든 뭐든. 그의 목표는 합격이겠지. 그가 오직 시험에 합격한 자신의 모습을 시각화하고, 벽에 합격에 관한 문구를 적어 붙여 놓고 그것에 대한 기도를 매일 간절히 한다고 생각해 봐. 그 목표에 집중하면 할수록 받는 압박감과 부담감, 긴장감은 나날이 증폭되어 가겠지. 그런 채

토 시험날 제 실력이나 발휘할 수 있을까. 그런 기도와 시각화라면 안 하느니만 못하지 않을까."

"집착할수록 평정심을 갖기가 어려워지니까요."

"그러니 이렇게 해 보는 거야. 시험 날 개운하게 일어나 좋은 기분으로 시험장까지 가는 길. 햇살 속을 걷는 자신의 모습. 시험장 책상에 앉아 문제를 하나하나 차분하게 풀어 나가는 모습. 시험장을 나오며 그동안 노력한 자신을 칭찬해 주는 모습. 할 일을 마친 후의 후련함. 이런 걸 머릿속으로 생생하게 그려 보는 거야. 시험 당일 평탄하게, 무사히 잘 보낸 하루를 반영한 시각화는 합격한 모습을 그리며 안달하는 것과는 애초 에너지가 달라. 힘이 있어. 시각화의 초점을 자신의 행복과 평화로움에 맞춘다면 잠재의식은 이미 지금을 '합격'이라 인지하고 자연스럽게 그 상황으로 자신을 이끈다. 최대치의 능력을 발휘할 수 있도록."

"중요한 건 행복감이군요."

"너와 사람들이 진정 원하는 건 결국 행복 아닌가. 목적을 이루었을 때 자신의 마음이 어떠할 것 같은지, 과정과 행복감을 초점 잡고 시각화하다 보면 알게 돼. 구체적으로 그려 보아도 어딘가 불안하고, 어딘가 모자라고, 어딘가 부자연스럽다면 그건 막연한 욕심이거나 타인을 의식한 성취욕일 확률이 높아."

그럴 수 있겠다. 욕심을 쫓아 결국 이루었을 때 그 기쁨이 며칠이나 갔던가.

"무한한 잠재의식은 원하는 것을 이루어 주기 위해 최선을 다해. 한데 그 목적지가 헛것이었을 때, 노력에 비해 결과가 더딜 수도 있고 중도에 지쳐 버릴 수고 있고 길을 잃을 수도 있어. 이루었어도 금방 허탈해질 수도 있지. 그러니 내가 진짜로 원하는 목적지. 바람. 소망이 뭔지 점검해 볼 필요가 있어."

이미 종종 겪어 왔던 허탈감이다. 그 이유를 알아 가고 있는 중이다. '진짜'를 찾고 있는 중이다.

"행복감. 그것에 초점을 맞추렴."

집 근처 정류장에 버스가 멈춘다. 하차한다.

고시원촌으로 가기 위해 구불구불한 오르막길을 걸어 오른다.

뒤늦게 가게를 정리하고 있는 단골 슈퍼집 아저씨가 보인다. 가판에 펼쳐 놓은 과일을 안으로 옮겨 놓으려 귤 박스를 들어 올리고 있다.

귤껍질 속 알맹이가 그려진다. 씹자마자 알알이 터지는 과즙의 촉감. 달고 신 특유의 맛. 고인 침을 삼킨다. 내 손에 들려 있지 않아도, 직접 먹지 않아도 몸이 반응한다.

달려가 아저씨의 박스를 나눠 든다.

"늦었네?" 아저씨가 가볍게 손사래를 치며 묻는다.

"그러게요. 늦었네요." 기타 가방을 바닥에 내려놓고 가판 위 상품을 박스에 담는다.

아저씨가 익숙하게 받아 안으로 들여놓는다.

가게에 딸린 방 안에서 그의 구십 세 노모가 "우리 가수 선생 왔누" 하며 방문턱을 손으로 툭툭 친다. 앉으라는 신호다.

아저씨가 얼른 가 보라는 듯 고갯짓을 하며 웃는다.

헌승은 내려놓은 기타 가방을 들고 문턱에 앉는다. 으레 그렇듯 기타를 꺼내어 작게 줄을 튕긴다.

노모가 벽에 등을 기댄다. 노모의 신청곡은 언제나 이미자의 '동백아가씨'다. 수백 번을 들어도 속이 짠하단다.

짐을 옮기는 슈퍼 주인아저씨와 아들의 일이 끝나기를 기다리는 그의 노모 사이에서 헌승은 나직하게 노래를 부른다.

'헤일 수 없이 수많은 밤을~ 내 가슴 도려내는 아픔에 겨워~ 얼마나 울었든가, 동백아가씨……'

노모의 몇 개 안 남은 이가 훤히 드러난다. 아저씨가 그런 노모를 흐뭇하게 바라본다.

가판을 정리하고 난 아저씨는 떨이라며 귤을 봉지에 가득 담아 헌승의 옆에 내려놓는다. 그리곤 "이제 가을도 다 갔네" 하며 하늘을 본다.

함께 하늘을 본다.

별빛. 달빛. 별빛. 별빛. 별빛……

그 빛을 받아 내고 있는 한 사람, 아저씨. 또 한 사람, 그의 노모. 또 한 사람, 자신.

이 순간, 더 없이 족하다.

시각화 : 행복감에 초점을 맞춰라

가게의 셔터 문이 내려간다.

헌승의 손에는 귤이 담긴 봉지가 들려 있다.

평온하다.

평상에 앉아 눈을 감는다.

코로 숨을 깊게 들이쉰다.

입으로 천천히 내쉰다.

내일도 모레도……, 내 노래를 진심으로 들어 주는 이들 앞에서 노래할 수 있기를……. 단 한 사람의 마음이라도 울릴 수 있기를……. 그곳이 어떤 공간이든, 어떤 무대든, 어느 골목이든, 어느 가게 안이든.

자신의 시각화가 더욱 구체적이 되어 가고 있음을 느낀다.

가슴이 따뜻해진다.

고요해진다.

편안해진다.

자신의 가장 자연스러운 모습, 흐르는 시간 속에 자신을 내 맡긴 평온함. 어쩌면 본성과 잠시나마 조우하고 있는 순간은 지금일지도 모르겠다.

"따라가라."

이 느낌을?

"그 본성을."

"그래요. 이 행복감을."

"진짜 행복감을."

자신이란 사람이 언제 가장 행복한지, 어느 때 가장 충만한지 본성은 이미 알고 있다. 따라가야 한다.

라이브 카페의 푹신한 의자보다 나이 든 노모가 내어준 방문턱을 더 편안해하는 자신의 본심. 카페의 반짝이는 조명보다 달빛과 별빛 아래를 더 아늑해하는 자신의 본성. 시각화해야 할 것은 이것이어야 할 것이다.

미래에 대한 막막함보다 현재의 자신이 원하고 사랑하는 것을 따라가기에 필요한 것은 어쩌면 용기일지도.

"행복감은 본성의 진짜 힘을 네게 보여 줄 거야. 용기를 내."

"······"

"괜찮다. 괜찮다. 괜찮다."

괜찮다. 괜찮다. 괜찮다.

"잘되어 가고 있다."

잘되어 가고 있다.

가슴을 쓸어내리며 자신을 다독인다. 용기를 내.

"따라해 봐. 내가 원하는 것을 이미 이루었음에 감사합니다."

수긍한다.

용기를 내.

괜찮아.

크게 숨을 들이쉬고 천천히 내쉰다.

가만히 말을 뱉는다.

"내가 원하는 것을"

자신의 숨소리가 귀에까지 들린다.

"이미 이루었음에"

들숨과 날숨이 교차한다.

"감사합니다."

크게 숨을 들이쉬고 천천히 내쉰다.

그가, 그 어느 때보다 확신에 찬 어조로 헌승에게 답한다.

"네가 시각화한 모든 것들은 이미 이루어졌다."

그는 단호하다.

"내가, 그걸 믿고, 물 흐르듯 해 나갈 테니까."

〔 귓전에 말하다 〕

시각화와의 첫 시작은
내 안에 있는 생각을 비우는 것입니다.

하얀 백지에 그림을 그릴 수 있듯
먼저 마음에 남은 여러 생각을 비웁니다.

기대 없는 베풂이 온전한 나눔이듯이,
기대 없는 삶은 온전한 행복입니다.

기대 없음이 꿈이 없다는 것은 아닙니다.
결과에 대한 기대 없이
꿈을 향해 나아가는 과정이
온전한 몰입입니다.
온전한 몰입은
잠재의식을 깨워 나의 능력을 일깨웁니다.

자연은 스스로 그 시절 그 시간에 몰입합니다.

시각화 : 행복에 초점을 맞춰라

그게 가장 자연스럽기 때문입니다.

지금 좋고 나쁨이 없이
미래 또한 좋고 나쁨이 없이
그렇게 지금에 몰입합니다.

지금 여기 이 순간에
내게 행복감을 주는 구체적인 상황과 감정을 시각화해 봅니다.
잠재의식은 시각화한 모든 것을 내 안에 새깁니다.
당신은 어느새 강력한 희망과 행복의 자석이 되어 있습니다.
시각화란 그런 것입니다.

제3장 희망 의식 뿌리기

귓전 확언

나의 상상은 현실이 된다.
나는 매순간 만족한다.
나는 나의 잠재의식을 믿는다.
나의 잠재의식은 무한한 능력이 있다.
나의 잠재의식은 내 편이다.

나는 세상 그 누구도 아닌 내 자신이 된다.
나는 내가 목표로 삼고 있는 성공으로 간다.
그 모습은 점점 커져 간다.
내가 원하는 모습을 향해 간다.
앞으로 나의 삶은 점점 더 풍요로워진다.

나는 원하는 모든 소원을 이룰 수 있다.
내가 원하는 모든 소원은 다 이루어진다.
내 소원은 이미 이루어졌다.

내 꿈은 우주와 신의 질서로

이미 다 이루어졌다.

내 인생의 꿈은 우주와 신의 에너지로

이미 다 이루어졌다.

2

끌어당김

뿌린 것은 반드시 되돌아온다

··

작은 커피숍 창가에 앉아 창밖을 본다.

하얀 눈꽃 모양으로 뒤덮인 대형 크리스마스트리가 반짝반짝 빛
나고 있다.

양손에 선물 꾸러미를 들고 걸어가는 누군가의 어머니, 누군가의
아버지, 누군가의 아들, 누군가의 딸, 누군가의 할아버지, 누군가의
할머니, 누군가의 남편, 누군가의 아내, 누군가의 친구, 누군가의 애
인, 누군가의…… 사람들을 본다.

자신이 앉은 의자 옆에는 누군가의 시각장애인 아버지를 위한 수
술비 모금함이 놓여 있다. 그 옆에 놓인 기타와 마이크 가방, 그리고
탁자 위에 놓인 하얀 편지 봉투.

거리 모금 버스킹을 이어 오는 동안 팬임을 자처하는 사람들이 하나 둘 생겨났다. 굳이 자신이 노래하러 오는 날을 기다려 주고, 공연 후의 뒷정리를 도와주고, 성금을 보태 주기도 한다.

그리고 조금 전, 그들 중 몇 명이 이 테이블 맡은 편에 앉아 봉투를 건네주며 말했다. "당신의 팬들이 응원의 메시지를 편지지에 담았어요. 집에 가서 읽어 보세요."

그들이 서둘러 자리를 나선 후, 혼자 남은 헌승은 뜻밖의 선물에 들떠 봉투 안의 편지를 대뜸 꺼내 보았다.

짧은 메모와 함께 백만 원짜리 수표 다섯 장이 딸려 나왔다. '언제까지 거리에서만 노래하실 건가요, 이제 앨범을 내세요. 세상에 희망을 뿌리는 행복한 가수, 해피 싱어가 되어 주시길. 크리스마스이브, 님에게 희망이 되고픈 사람들이.'

하얀 편지 봉투를 책상 위에 그대로 올려 둔다.

잔뜩 긴장한 얼굴로 창밖을 내다본다.

누군가의 아버지, 누군가의 어머니, 누군가의⋯⋯사람들을 본다.

"너의 노래를 좋아해 주는 사람들. 너의 팬들."

"⋯⋯"

"왜 말이 없니."

"⋯⋯"

"너의 사람들이다."

나의 사람들⋯⋯. 어떻게. 왜. 어떻게⋯⋯.

"한 게 없는데요."

"거리에서 팔 년 동안 노래해 왔지 않니. 어려운 이웃을 돕고, 위로가 필요한 사람들을 찾아다니며 노래를 불러 주었지 않니."

"저분들을 도운 게 아니에요. 외려 성금을 내어 주신 분들인데……."

"네가 무언가를 해야만, 네가 무언가를 주어야만 네 편이 되는 게 아니야."

"……"

"쫓기지 마라."

"……"

"부담감에 짓눌리지 마라."

"……"

"외로워하지 마라."

"……"

"너의 사람들이다. 믿어라."

다시 창밖을 본다.

눈앞이 뿌예진다.

그저 본성의 목소리를 따라가고자 했다. 자신의 행복감이 가장 충만한 곳으로 가서, 그곳에서 노래했다.

그저 따라갔다. 중요한 건 자신의 기쁨, 자신의 희망, 자신의 행복이었다.

"그랬기 때문에 오늘을 만난 거야."

"나를 위해 살았을 뿐이에요."

"너의 행복감을 위해 살았지."

"그래요. 나의."

"그래서 저 분들이 네게 온 거야. 자신들의 행복을 위해서."

"자신들의 행복을 위해서요?"

"그래. 자신들의 행복을 위해서. 네가 어려운 사람들을 도울 때 행복감을 느끼는 사람이기 때문에, 마찬가지로 길에서 노래하는 너를 도우며 행복감을 느끼는 사람들이 네게로 온 거다."

"……"

"너의 필요에 의해서, 또 그들의 필요에 의해서 만나게 된 거야. 일방적인 게 아니다."

"……"

"계획하지 않았어도, 마음먹지 않았어도, 비슷한 주파수의 사람들은 서로를 알아본다."

서로를 알아본다고……한다.

"존재하는 모든 것은 각자의 주파수로 진동한다. 생명이 있든 없든. 그 진동은 닮은 어느 것의 진동을 끌어당기지."

자신과 닮은 주파수의 사람들. 본성이 이끄는 곳곳마다에서 만난 이들과는 이질감이 없었다. 그래서였을까.

"텅 빈 마음으로, 오직 네 자신의 온전함을 믿으려 애써 온 것. 네가 너라는 이유만으로 충분하다는 걸 자각하려 노력해 온 것. 너 없이는 세상도 타인도 없다는 걸 알고자 한 것. 그렇게 나타난 네 본성의 말과 본성의 기쁨을 한없이 느껴 온 것. 그게 우주를 움직인 거야.”

과분하다. 이 모든 것이. 이 모든 말들이.

“너는 살아 있는 것만으로 충분한 존재야. 모든 존재는 자연 속에서 하나다. 우주는 자연이야. 우주는 하나다. 너는 살아 있는 자연이고 우주야. 너는 우주야.”

어쩔 줄 모르겠는 마음으로 탁자 위의 봉투를 본다. 너무 크다. 모든 섭리가. 오늘의 선물이.

“우주는 자신을 몇 개로 나누지 않아. 우주는 그저 우주야. 단 하나의 우주. 네가 너로 족하다는 걸 믿는 순간 우주는 그저 네가 돼. 온 우주가 너를 위해 최선을 다하게 된다. 너는 곧 우주 자신이니까. 우주가 우주 자신을 위해 최선을 다하듯 그렇게 말이다.”

형형색색 빛나는 트리와 각자 빛을 내며 걷고 있는 사람들. 그들은 모두 우주다.

“네가 불러온 희망의 노래들이 희망의 사람들을 끌어당긴 자석이 된 거야. 너라는 존재의 진동이 파동이 되어 오늘 같은 큰 선물과 큰 존재들을 끌어당긴 거야.”

“의도하지 않았음에도 말이죠?”

“의도하지 않았기 때문에.”

누군가의 무엇이 되고 싶어 바동거려 온 날들이 스쳐간다. 소음 신고를 받고 출동한 경찰에게 끌려간 날이 있었다. 모금함을 발로 툭툭 차고 지나가는 행인도 있었다. 무명 가수라며 비웃는 사람도 있었다. 야유하는 사람도 있었다.

한편에선 노래를 들으며 눈물을 흘려 주는 사람이 있었다. 고맙다며 음료를 건네주는 사람이 있었다. 함께 뒷정리를 해 주는 사람이 있었다.

누군가의 무엇이 되기 위한 몸부림이라며 스스로를 자조한 적도 있었다. 한데, 내가 애쓰지 않아도 내 마음이 스스로 퍼져 나가 누군가의 마음에 가 닿고, 서로가 이끌려 만나고, 그렇게 누군가의 무엇이 된다는 게…… 기적 같다.

"그러니 기꺼이 받아, 그 선물을."

차마 다시 만질 수조차 없던 봉투를 가만히 본다. 나의 사람들이 내게 준 희망이라고 한다. '나의 사람들'도 벅차고 '희망'도 벅차다.

봉투 위로 손바닥을 올려 본다. 팔딱팔딱 뛰고 있는 건 손바닥을 흐르는 핏줄의 진동. '서로'의 진동.

크리스마스이브다.

그리고,

누군가의 어머니, 누군가의 아버지, 누군가의 아들, 누군가의 딸, 누군가의 할아버지, 누군가의 할머니, 누군가의 남편, 누군가의 아내, 누군가의 친구, 누군가의 애인……. 자신 역시 누군가의 무엇이기만 했었다. 그래서 누군가의 무엇이 되어야만 한다고 믿어 왔다.

그러나 자신은 온전한 개인. 온전한 존재. 온전한 자연. 온전한 우주……. 저들 또한 온전한 우주다.

"무엇이 오든 받아들이면 된다."

내가 우주고 내가 나로 족한 '단 하나'라면, 나에게 합당하고 마땅한 것이 올 것이다. 고난일지라 해도 말이다.

"그것 역시 합당하고, 마땅한 것이겠지."

크게 숨을 들이쉬었다 내쉰다.

봉투 위에 올려놓은 한 손 위에 나머지 손을 올린다.

양손을 타고 어깨로 온몸으로 퍼져 나가는 이것은 자신과 그들의 진동.

아름다운 떨림……이다.

〔 귓전에 말하다 〕

나의 한 생각은 마음에 새겨집니다.
나의 말 한마디는 마음에 새겨집니다.
나의 행동 하나가 마음에 새겨집니다.

나의 한 생각은 우주에 새겨집니다.
나의 말 한마디는 우주에 새겨집니다.
나의 행동 하나가 우주에 새겨집니다.

한 생각
한 마디
한 행동
항상 신중하게 합니다.
내가 생각하고 말하고 행동한 모든 것들은
다시 부메랑이 되어 내 삶으로 되돌아옵니다.

지금 어떠한 생각을 하시겠습니까?
끌어당김이란 에너지의 작용입니다.

내가 어떠한 에너지 형태로 있느냐에 따라
그와 비슷한 에너지가 끌려옵니다.
과거에 어떤 에너지의 상태로 살아왔느냐에 따라
지금 현재에 비추어져 반영됩니다.

생각, 말, 행동 모두 에너지입니다.
지금 내가 어떠한 에너지의 상태에 있느냐에 따라
미래는 결정됩니다.

지금 감사한 마음, 희망의 마음,
타인에 대한 사랑과 포용의 마음을 내세요.
미래는 감사한 일로 가득한 희망의 삶이 될 것입니다.
단 한 사람을 사랑하고 포용하는 마음은
우주를 사랑하고 포용하는 마음으로 바뀝니다.

나는 오늘도
나를 사랑하고 타인을 사랑하고
축복하는 희망의 마음을 낼 것입니다.

그 마음은 더 큰 우주에 퍼지고 새겨져,
더 큰 에너지로 나에게 되돌아옵니다.

끌어당김 : 뿌린 것은 반드시 되돌아온다

귓전 확언

나에게 끌려온다.
나에게 다가온다.

나에게 필요한 것들이 끌려온다.
나에게 필요한 것들이 다가온다.

나에게 필요한 모든 것들이 스스로 끌려온다.
나에게 필요한 모든 것들이 스스로 다가온다.

나에게 필요한 모든 것들이 아주 쉽게 끌려온다.
나에게 필요한 모든 것들이 아주 쉽게 다가온다.

나에게 필요한 모든 것들이 순간순간 끌려온다.
나에게 필요한 모든 것들이 순간순간 다가온다.

나에게 필요한 모든 것들이 매일매일 끌려온다.
나에게 필요한 모든 것들이 매일매일 다가온다.

나에게 필요한 모든 것들이 끌려오고 있음에

감사합니다.

나에게 필요한 모든 것들이 다가오고 있음에

감사합니다.

인연

세상에 나 아닌 사람은 없다

새벽 다섯 시.

친구들이 곤히 잠들어 있는 고시원 방 한구석, 창문 앞 책상에 앉아 있다.

사람들이 모아 준 돈으로 앨범을 발매할 생각에 가슴이 벅차다. 잘 안 되던 곡 작업도 몇 십 분 만에 물 흐르듯 써진다.

노래 제목을 무엇으로 하면 좋을까……. 신중해진 마음으로 창문을 조심스럽게 연다.

유독 환하게 빛나는 별 하나가 눈에 들어온다.

조금씩, 조금씩 가까이 온다.

눈이 부시다.

"파이팅!"

별이 건네는 응원. 혹은 그의 목소리.

"파이팅?"

"그래. 파이팅! 아름다운 인생이 될 거야. 이제부터."

별이 내게 말을 건넨 줄 알았어요. 꿈꾸는 것 같네요. 이 순간.

"네가 우주니까. 네가 별이고, 달이고, 태양이고, 우주니까. 네 안의 목소리는 그렇게 전부니까."

"그래요. 그게 곧 나니까."

"더 많이 파이팅해. 더 많은 사람들 앞에서, 더 자주 노래해. 더 많이 나누어라."

"나누어라……, 그래요."

"눈을 감고 코로 숨을 깊게 들이쉬어 봐."

앉은 채로 눈을 감고 코로 숨을 깊게 들이쉰다.

"입으로 천천히 가늘게 내쉬어."

입으로 천천히 가늘게 내쉰다.

감은 눈 속에서 어른거리곤 하던 생각들, 사람들, 감정들, 감각들이 조금씩 흩어져 간다.

코로 깊게 숨을 들이마시고 입으로 천천히 내쉰다.

코로 깊게 숨을 들이마시고 입으로 천천히 내쉰다.

입을 닫고 코로만 숨을 들이마시고 코로 숨을 내쉰다.

자신의 숨소리를 듣는다.

"입으로 말해 보렴. 네가 세상의 시작이다."

"내가, 세상의, 시작이다."

"네가 있기에 세상이 있다."

"내가 있기에, 세상이 있다."

"네가 있기에 너 아닌 것들이 있다."

"내가 있기에, 나 아닌 것들이 있다."

"네가 사라지면 너 아닌 것들도 사라진다."

"내가 사라지면, 나 아닌 것들도 사라진다."

코로 숨이 들어오고 나간다.

코로 숨이 들어오고 나간다.

코로 숨이 들어오고 나간다.

숨소리를 듣는다.

"네가 현존하고 있는 건 수많은 존재들의 인연의 결과다."

이 자연 속에서 만나고 헤어지고 만나고 헤어지는 모든 인연들의 얽힘 속에서 기적처럼 탄생한 자신임을 안다. 통계로도 확률로도 어림짐작할 수 없는.

"그게 인과야. 인연이고."

"놀랍네요."

"그 인연이 네게 앨범을 낼 수 있는 기회를 주었어."

그저 감사할 뿐이다. 그저 놀라울 뿐이다. 그저 겸허해질 뿐이다.

"네가 나누지 않았다면 그들도 나누지 않았을 거야. 모든 것은 네가 뿌린 결과다. 뿌린 것은 반드시 되돌아온단다."

언젠가 나만의 곡, 나의 곡을 만들겠다는 바람은 우리의 곡을 만들겠다는 다짐으로 바뀌어 있다. 희망의 말이 파동이 되어 뿌려질 수 있는 노래를 만들고 싶다.

"그러니까 파이팅이야. 모두에게 네가 힘겹게 가져 본 그 용기를 전해 줘."

오래 걸렸다. 내 머릿속의 수많은 그림들이 옅어져 갈 때까지. 그의 목소리가 온전히 나의 목소리인 걸 알아차리기까지. 나라는 생명이 이 순간 존재하고 있는 자체로 기적이라는 걸 이해하기까지. 나를 온전히 받아들이기까지. 내가 자연이고 우주라고 인식하기까지.

"따라해 봐. 네가 우주라면 타인도 우주다."

"내가 우주라면, 타인도 우주다."

"타인이 우주라면 너도 우주다."

"타인이 우주라면, 나도 우주다."

"우주는 한 덩어리의 생명체. 곧 하나다."

"우주는, 하나다."

"그러므로 너와 타인은 하나다."

"나와 타인은, 하나다."

가슴 한편에서 찌르르한 통증이 올라온다.

어제 보았던 누군가의 아버지, 누군가의 어머니, 누군가의 아들, 누군가의 딸, 누군가의 할아버지, 누군가의 할머니, 누군가의 남편,

인연 : 세상에 나 아닌 사람은 없다

누군가의 아내, 누군가의 친구들은…… 전부 나다.

"그들은 너다."

"그래요. 그들은 나입니다."

이 고통…….

"그들의 행복도 네 것이고 그들의 고통도 네 것이야."

"통증이…… 왜 이리 크죠."

"너와 남이 분리되어 있지 않음을 알고 있으니까. 네가 본 수많은 아픔들이 곧 너의 것임을 알기 시작했으니까."

스스로를 먼저 챙겨야 한다고 들어 왔다. 내가 없으면 타인도 없다는 진리가, 나와 타인이 하나라는 인식으로 확장될 줄은 몰랐다.

타인의 인정만을 원했던 욕구가 이렇게 반전될 줄은 몰랐다. 이런 식으로 타인에게 다시 눈 돌리게 될 줄은. 욕심 없이, 부대낌 없이.

나를 인정하는 것으로, 나를 사랑하는 것으로, 타인이란 인식 자체가 사라지게 될 줄도 몰랐다.

"네가 가장 행복할 때가 '나눔'을 실천할 때라는 걸 깨달은 그날, 구십 세 노모가 내어 준 방 문턱에서 애청곡을 불러 드리며 그 어느 무대보다 평안하다는 걸 받아들인 그날, 그때, 너는 너를 온전히 받아들인 거야. '나눔'은 그런 거다. 마음을 내어 주는 거."

"내 행복감은 자라온 환경 때문일 수도 있는, 그저 내 주관적인 기호인데요."

"어느 환경에서 어떻게 자라 왔든 누구나, 마음을 내줄 때가 가장 행복하던다."

"……"

"누군가에게 무언가를 나누어 준다는 건 나 자신에게 무언가를 준다는 것이고, 누군가를 사랑한다는 건 나 자신을 사랑한다는 것이기 때문이야. 내가 나를 가장 아껴 줄 수 있는 '실천'이기 때문이지."

"내가 곧 우주고, 모두가 곧 우주니까요. 나를 아껴 주기 위한 행위가 '나눔'이라는 실천을 통해 몇 배 커지는 거니까요."

"그래. 그렇게 네가 너 자신에게 몇 배의 사랑을 고백하고 또 고백하는 거니까."

내 노래를 들어 주고 사랑해 주고 나눔을 실천해 준 그분들은, 나의 사랑을 받아 준 또 다른 나일 것이다.

"그런데 왜 고통이 먼저 오는지 모르겠어요."

"행복감도 함께 있을 거다."

"고통이 압도하고 있어요."

"인간의 본성은 곧 희망이야. 그걸 모르는 사람들이 많지. 그걸 느끼고 있기 때문에 아픈 거야."

"나도 아직 뭐가 뭔지 몰라요. 뭘 할 수 있을지도."

"계속 노래해. 희망의 씨를 뿌려. 남이 아닌 바로 너를 위해. 그럼 이미 너인 사람들이 그 씨앗을 받아 키울 거야."

세상에 나 아닌 사람이 없다. 그러니 소통하지 않을 수 없다. 친절하지 않을 수 없다. 배려하지 않을 수 없다. 겸손하지 않을 수 없다.

"용기를 내."

그가 헌승의 어깨를 두드린다.

헌승도 그의 등을 토닥이고 싶다.

그러기 위해 내일도 거리로 나갈 것이다.

어느 때보다 고요하게, 정성스럽게 토닥여 주기 위해.

고개를 들어 다시 창밖의 별을 본다.

별의 응원에 답하기 위해 의자 등받이에 기댄 허리를 뗀다.

자작곡 제목란에 써 넣는다. '파이팅'.

나에게도 말해 준다.

'파이팅'.

(귓전에 말하다)

마음을 비우고 세상을 바라봅니다.
세상은 희망으로 가득차고
모두가 아름답게 보입니다.

사람들과의 만남은 시절 인연입니다.
인과에 의한 자연적 만남이기에
그 인연에 대한 좋다는 감정과 싫다는 감정은
내 마음이 짓는 상입니다.

내가 먼저 좋은 사람이 되면
그도 내게 찾아와 좋은 사람이 되어 줍니다.

우주의 모든 것은 조건 속에 생겨나고
조건이 바뀌면 그 조건에 맞추어 또 변화합니다.

이 작용처럼 내가 만나는 모든 인연들도 조건 속에 만나고
조건이 맞지 않으면 인연의 끈이 풀립니다.

인연 : 세상에 나 아닌 사람은 없다

인연의 힘은

우주와 연결되어 있습니다.

이 세상의 모든 존재는

그물망처럼 서로 인연 지어져 있습니다.

아무리 큰 그물망도

실오라기 하나가 풀리면

언젠간 전체의 그물망이 풀립니다.

말 한마디, 생각 하나가 실오라기입니다.

'나'는 그저 자연의 일부입니다.

'나'는 그저 우주의 작은 점 하나에 불과합니다.

허나 나는 곧 우주입니다.

좋은 인연을 만나려면 우선 내 마음이 밝아야 합니다.

내가 마음먹은 대로 내 인연이 끌려옵니다.

좋은 인연을 만나려면 항상 내 마음이 따뜻해야 합니다.

밝고 따뜻한 마음을 가지면

나에게 그런 에너지가 점차 커져 갑니다.

그 에너지가 충만할 때

인연 : 세상에 나 아닌 사람은 없다

그와 같은 에너지가 비로소 나에게 다가옵니다.

좋은 인연이 나에게 오더라도
내가 그 에너지를 잘 받아들일 힘이 있을 때
그 인연이 고스란히 나의 인연이 됩니다.

평소에 내가 복을 많이 지어 놓으면
나쁜 인연도 좋은 인연으로 바뀝니다.

내가 평소에 복을 지어 놓지 않으면
좋은 인연도 오래가지 못하고
나쁜 인연이 계속 내 삶 주위에 흘러들어옵니다.

좋은 인연도
나쁜 인연도
모두 내가 만드는 것입니다.

인연 : 세상에 나 아닌 사람은 없다

귓전 확언

내 눈앞에 있는 모든 인연이
내 부모 아니었던 적 없습니다.
내 눈앞에 있는 모든 인연이
내 형제 자매 아니었던 적 없습니다.
내 눈앞에 있는 모든 인연이
내 이웃 아니었던 적 없습니다.

나는 오늘부터 내 눈앞에 나타나는
모든 인연에게 아름다운 마음으로 대합니다.
나는 오늘부터 내 눈앞에 나타나는
모든 인연에게 평화로운 마음으로 대합니다.
나는 오늘부터 내 눈앞에 나타나는
모든 인연에게 자비로운 마음으로 대합니다.
나는 오늘부터 내 눈앞에 나타나는
모든 인연에게 부드러운 마음으로 대합니다.
나는 오늘부터 내 눈앞에 나타나는
모든 인연에게 평등한 마음으로 대합니다.

나는 오늘부터 내 눈앞에 나타나는

모든 인연에게 밝은 마음으로 대합니다.

4
그 생각 그 인생
한 생각이 삶이 된다

··

앨범이 발매되었지만 매니저도, 기댈 기획사도 없는 앨범은 홍보 한 번 제대로 되지 못한다.

많은 분들이 모아 주신 돈으로 만든 앨범인데…… 송구스럽다.

라디오 피디를 만나기 위해 매일 방송국으로 간다. 막상 입이 안 떨어져 마냥 서 있다 오기만 한다. 넉살맞게 피디에게 말을 건네는 매니저들이 부럽다.

그냥 이렇게 꾸준히 와 있으면 한 번은 물어봐 주지 않을까. 정성을 보이면 한 번은 곡을 틀어 주겠지. 언젠간 봐 주겠지. 그런 마음뿐이다.

오늘도 묵묵히 서 있는 헌승에게 관리실 직원 둘이 다가와 어디론

가 끌고 간다.

백 개는 족히 넘어 보이는 씨씨티브이 모니터가 보인다. 직원이 녹화해 둔 화면을 보여 준다. 여성 피디 근처에서 몇 시간이고 서 있는 헌승의 모습이 보인다. 얼굴이 화끈거린다.

성실하게, 꾸준히 정성을 보이려 한 자신의 마음은 저 화면 속에서 여성 피디 근처를 서성대는 신원 미상의 남자로 보일 뿐이다. 그녀가 '무섭다'고 호소할 만도 하다.

관리소장은 헌승에게 앞으로 방송국 출입은 물론 출연도 할 수 없게 될 거라며 엄포를 놓는다.

방송국을 나서려다 가방을 뒤적거려 자신의 앨범 한 장을 꺼낸다. 그 위에 매직으로 사인을 하고는 관리소장에게 건넨다.

"그간 죄송했습니다. 저와 같은 소시민들을 위해 만든 노래예요. '파이팅'이라고……. 조금이라도 힘이 되었으면 좋겠습니다만 앨범이 나오기도 전에 피해를 드렸네요. 송구합니다. 시간 남고 심심하실 때, 아무때고 한 번 들어 보세요. 만회가 되진 않겠지만……. 감사합니다."

꾸벅이고 돌아서다 다시 고개를 돌린다. "오늘을 웃으며 얘기할 날이 꼭 올 거예요." 애써 웃어 보이자 관리소장이 "기대하겠네"라며 응수한다.

집으로 가는 버스 안, 창에 어깨를 기댄다. '이래서는……. 내 노래가 라디오에서 한 번 나올 수나 있을까…….'

"그 생각이 네게 무슨 도움이 될까."

그가 묻는다.

"많은 분들의 정성과 기대가 담긴 앨범이에요. 라디오든 어떤 방송을 통해서든 그분들이 들으실 수 있도록 하고 싶어요. 보람을 드리고 싶어요."

"라디오나 다른 매체를 통해 전해지는 노래와 거리에서 부르는 네 노래의 차이가 무엇이지?"

"거리에서 말고 방송을 통해 듣고 싶다고 하셨어요. 앨범도 내고, 가수로 활동하라며 격려도 해 주셨고요. 기대에 부응하고 싶어요."

"지금 이렇게 앨범을 홍보하러 다니는 이유가, 그분들에게 보답하고 싶다는 바람 때문이란 말이냐."

"네."

"확신할 수 있니."

곰곰이 생각해 본다.

"더 많은 분들에게 '희망'을 전하고 싶어요. 절 도와주신 분들의 마음도 다르지 않을 거예요. 전파력 있는 방송사가 제격이죠. 제 여력이 미처 닿지 못하는 곳, 닿지 못하는 사람들에게도 이 노래가 전해질 수 있도록. '파이팅'하시도록."

"그래서 방송국 피디의 심기를 불편하게 하고, 관리인들을 수고롭게 한 거로구나."

"……"

"네가 희망을 전하고 싶은 사람들 속에 그들은 없는 것이냐."

"그렇게 불편해 하실 줄은……, 미처 몰랐어요."

"지금 네 머릿속에 있는 사람들. 네 노래를 듣고 힘을 내었으면 하는 사람들은 누구니."

"모든 사람들."

"왜지?"

"내가 곧 그들, 나 외의 모든 존재들도 곧 나니까요. 그들과 내가 다르지 않으니까요. 사람들에게 전하는 격려의 말은 나에게 하는 격려의 말이니까요."

"네 노래 한 곡이 라디오의 전파를 타고 흘러나올 그때에, 다른 누군가의 한 곡은 선택되지 못한 채 밀려나 있겠구나."

"……"

"그럼 이미 모든 사람들은 아닌 게 되겠네."

"……"

"그런데도 더 많은 사람들에게 노래를 들려주고 싶다, 희망을 전해 주고 싶다는 너의 마음이 온전히 이타의 마음이라 자신할 수 있니?"

확신하고 있었다. 보답하고 싶었다. 열심히, 꾸준히, 성실하게 그 일을 수행하는 중이라 생각했다.

"그 생각 하나가 어떤 말을 일으켰는지, 어떤 행동을 하게 했는지 돌아보렴."

하루를 돌아본다. 더 많은 사람들에게 '희망'을 전하고 싶다는 생각을 했다. 그게 확신에 찬 말로 이어졌다. 방송국으로 찾아가 부끄러움 무릅쓰고 앨범을 홍보하려 애썼다. 노력했다.

그런 행동을 했다. 자신도 모르게 타인에 대한 배려가 부족했다는 건 알겠다. 그렇지만……

"그 결과가 어떠했지?"

다시는 방송국에 출입할 수도, 내 노래를 들려줄 수도 없다는 통보를 받았다. 그저 하나의 난관이라고 스스로를 다독였다. 다시 힘을 내자고 자신을 위안했다. 다른 방법을 찾아보려 했고, 더 노력하려 했다.

"네 머릿속엔 이미 하나의 밑그림이 그려져 있구나. 네 노래가 대중매체의 전파를 타고 사람들의 귀에까지 전해지는 그림. 주위 사람들로부터 격려 받는 그림. 사람들이 네 노래를 듣고 즐거워하는 그림. 희망의 말 씨앗을 뿌리고 뿌듯해 하는 그림말이다."

적어도 한 치 앞 정도는 계획하고 움직여야 하지 않는가. 옴짝달싹 못하겠다. 수위 높은 자기 검열이 올라온다.

"어쩌라는 건지 모르겠어요."

자신을 이렇게 일일이 점검하다가는 앞으로 한 발짝도 나아갈 수 없을 것만 같다.

누군가는 선택되고 누군가는 기다려야하고 누군가는 전진하고 누군가는 도태되는 세상의 시스템 속에서 자칫 누가 될까 꼼짝 않고 있을 수만은 없는 노릇 아닌가. 지나친 엄숙주의, 도덕주의, 이타주의에 갇혀 이도 저도 못할 것만 같다.

알아차리려 할수록, 무겁다.

"지금의 네 생각과 감정을 알아차리고, 내려놓고, 본성의 마음을 만나는 일이 쉬운 건 아니야. 그렇지만 할수록 가벼워진다."

"어렵지만 가벼워진다는 건가요? 벌써 이렇게 내 부족함을 또 알게 되고, 어떤 목적도 꿈도 가져서는 안 될 것 같이, 그러면 부족한 사람인 것 같이 느껴지는데요."

"네가 그리고 있는 그 밑그림 말이야. 그게 목적이란다. 그걸 그리지 말라는 것뿐이야."

"대단한 목적도, 이기적인 목적도, 집착에 찌든 목적도 아니었어요. 난 그저……."

"잠시만. 숨을 크게 들이쉬고 내쉬어 봐라. 아주 잠시만."

숨을 크게 들이쉬고 내쉬어 본다.

"나는 너를 다그치는 존재가 아니야. 나는 네 편이야……. 완전한 네 편."

다시 숨을 크게 들이쉬고 내쉬어 본다.

그래도 그의 말이 무겁다. 힘들다.

그는 내 양심이란 것을 현미경으로 구석구석 살피고 있다. 관찰하고 있다. 한 치 어긋남도 없어야 할 것처럼. 모두를 배려해야만 할 것처럼. 내 안에 어떤 욕망이라도 발견되면 바로 없애버려야 할 것처럼.

"그건 네 완벽주의에서 비롯된 습관일 뿐이야. 모두를 만족시키고 싶은 네 애정결핍의 산물일 뿐. 인정 욕구의 하나일 뿐. 그건 내가 건넨 말이 아니다."

"……"

"오늘 집 밖을 나설 때의 네 첫 마음이 무엇이라고 했지?"

"날 도와주신 분들의 마음을 받아, 더 많은 분들에게 '희망'을 전해 주고 싶다는 생각이요. 전파력 있는 매체가 필요하다는 생각. 내 여력이 닿지 못하는 곳까지 이 노래가 전해질 수 있도록. 많은 사람들이 '파이팅'할 수 있도록……. 그런 생각이요."

"그래. 그 밑그림, 그 목적이 머릿속에 그려진 순간 상(相)이 잡힌 거야."

"……"

"목적을 세우면 수단과 방법이 따라올 수밖에 없어."

"당연한 거 아닐까요."

"그럴까?"

"어딘가로 가려면 걸어가든 뛰어가든 차를 타고 가든 어쨌든 움직여야죠."

"좋은 말이구나. 그럼 그렇게 하지 그랬니."

"그렇게 했어요."

"되도록, 어떻게든, 반드시, 빨리 움직여야만 해. 그렇게 재촉하고 집착하진 않았는지 돌아보면 좋겠구나."

"......"

"목적을 세우면 수단과 방법이 따라올 수밖에 없어. 목적이 강할수록 수단과 방법을 가리지 않게 된단다."

"......"

"방송국 여성 피디와 관리인들은 네 강한 목적 뒤로 밀려난, 네게 배려 받지 못한 사람들이 아닐까?"

"......"

"너의 첫 생각, 많은 사람들에게 희망의 말, 희망의 노래를 전하기 위해 대중매체가 필요하다는 그 생각. 그래야만 사람들의 기대에 부응하는 것이란 생각. 그래야만 한다는 그 생각 하나가 말로, 행동으로, 습관으로 이어진 거야. 방송국에 매일 찾아가는 단기간의 습관이 초래한 '오늘의 삶'을 봐."

오늘 겪은 경험으로 채워진 하루의 삶은, 최근의 내 삶은, 수백 대의 씨씨티브이 속에 고스란히 녹화된 채 방송국에 저장되어 있다. 매일같이 여성 피디 주변을 서성거리고, 두려움을 조성하고, 끝내는 관리인에 의해 내몰리는 장면들로.

"하루의 삶은, 최근의 네 삶은, 너의 한 생각에서 비롯된 거다."

인정한다. 대중매체가 필요하다는 생각을 했다. 그걸 통해 노래를 전해야만 한다는 의무감 혹은 바람이 있었다. 그저 '열심히'라는 이름으로 용서되리란 안이함도 있었다. 그게 최근 자신의 첫 생각, 주된 생각이었다.

"그게 말이 되고 행동이 되고 습관이 되고 오늘의 삶이 되고 인생이 되는 거지."

"생각 하나 하나를 다 점검해야 한다는 건가요?"

"너를 옭죄지 말아. 그저 순간순간 호흡하고, 올라오는 생각을 알아차리고, 네 마음의 평온함이 깨지지 않는 쪽으로 물 흐르듯 흘러가면 돼."

"음반을 내고…… 들떠 있긴 했어요."

"그 행복함 속에 집착이란 불순물이 섞여 들고 있는 걸 미처 몰랐구나."

"그래서 부자연스러웠나 봐요. 방송국으로 갈 때마다 올라오는 긴장감. 피디 앞에서 떨어지지 않던 입. 조바심. 그런 것들이요."

"자연스러움이 가장 본성과 닮은 거야."

"그래요. 자연스럽지 못했어요. 최근 쭉……, 무거웠어요."

"첫 생각, 첫 그림이 언제나 시작이란다."

"완벽주의, 애정에 대한 갈구, 인정욕구, 충만함에 대한 갈증……. 맞아요. 이런 '습'에 길들여져 있어요. 의식하지도 못했어요. 내가 그런 줄은."

"그 '습'이 네가 무언가를 생각하기도 전에 바탕이 되어 버리곤 했겠지. 그러니 생각 속에 녹아 있는 그걸 가만히 지켜보렴."

자세를 바로 한다.

코로 숨을 크고 깊게 들이마신다.

흘러 들어온 바람이 콧속으로 목으로 가슴으로 배로 엉덩이로 무릎으로 발목으로 발바닥으로 타고 들어간다.

입으로 가늘게 천천히 내쉰다.

발바닥에 머문 바람이 발목을 타고 무릎을 타고 엉덩이를 타고 가슴을 타고 목을 타고 입으로 빠져나간다.

다시 한번 코로 숨을 크고 깊게 들이마신다.

흘러 들어온 바람이 콧속으로 목으로 가슴으로 배로 엉덩이로 무릎으로 발목으로 발바닥으로 타고 들어간다.

입으로 가늘게 천천히 내쉰다.

발바닥에 머문 바람이 발목을 타고 무릎을 타고 엉덩이를 타고 가슴을 타고 목을 타고 입으로 빠져나간다.

주머니 안에서 휴대폰이 진동한다.

꺼내어 보니 화면에 '엄마'라는 이름이 떠 있다.

손 안의 진동을 느끼며 그 이름을 쳐다만 본다.

휴대폰의 진동이 멈춘다.

잠시 차창 밖을 내다본다.

엄마에게 전화를 건다.

벨이 울리기가 무섭게 전화를 받는 엄마다. 농협마트에 장 보러 왔는데 스피커에서 내 목소리가 나오고 있는 것 같다 한다. "애, 파이팅, 파이팅 아름다운 나의 인생. 이런 노래가 나온다. 혹시……."

엄마는 조심스럽게, 그러나 들뜬 마음을 감추지 못하고 묻는다.

흡, 숨이 멈춘다. 버스 차장님 앞으로 가 라디오 채널을 이리저리 돌려 봐 주실 수 있겠는지 부탁한다.

들린다. 89.7MH. 채널을 고정한다.

'파이팅, 파이팅. 아름다운 나의 인생…….' 자신의 목소리가 라디오 전파를 타고 버스 안을 가득 채우고 있다.

헌승의 목소리가 떨린다. "엄마, 내 노래다……."

둘은 한참 동안 말이 없다.

"고맙다." 엄마는 말한다. "못난 부모 만나…… 네게 아무런 도움도 못 주고…… 미안하다……. 미안하다……." 엄마의 두서없는 말은 흐느낌과 섞여 음절이 끊어지고 흐려진다.

통화를 마칠 때까지 "고맙다, 미안하다"고만 한다.

가방을 들고 버스에서 내린다. 고시원 반지하 방으로 가기 위해 굽이굽이 비탈길을 걸어 오른다.

엄마에게 "고맙다"는 말을 듣기 위해 살아온 것처럼, 어깨에 짊어진 커다란 짐 하나를 내려놓은 기분이다.

가볍다.

부모님께 인정받고 싶은 마음이 있었구나, 그런 어린아이가 내 안에 있었구나. 알아차려 본다.

"그게 너의 본질적인 첫 마음, 첫 생각이었구나, 라고도 알아차려 보렴."

"그게 나의 본질적인 첫 마음, 첫 생각이었네요."

"애정이 충족되지 못한 긴 시간 동안, 결핍되어 있던 그 긴 동안, 동안에 네 안에서 자라난 갈증이 있었구나, 라고도 알아차려 보렴."

"애정에의 갈증이 있었어요."

"더 많은 사람들에게 '고맙다'는 말을 듣고 싶었구나, 알아차려 보렴."

"더 많은 사람들에게 '고맙다'는 말을 듣고 싶었어요."

"오늘 이 순간까지의 삶은 그 생각에서 비롯되었다는 걸 알아차려 보렴."

"오늘 이 순간까지의 삶은 그 생각에서 비롯되었어요."

그랬다.

엄마에게, 부모님에게 인정받고 싶다는 나의 첫 생각이 지금까지의 내 생을 만들었다.

그 한 생각이 삶이 되었다.

"그때 그 어린아이를 바라봐."

그 어린아이를 본다.

열두 살. 습기 먹은 성냥에 불이 붙지 않아 동동거리고 있는 아이를 본다.

머리 위를 구르던 주판알보다 아이들의 웃음소리가 더 아프던 아이를 본다.

졸업식 때마다 주위를 의식하지 않으려 노력하던 아이를 본다.

"그 아이를 안아 주렴."

그 아이 앞에 무릎을 꿇고 눈을 마주한다. 곧 울음이 터질 것 같은 얼굴이다.

다가가 아이를 품 안에 꼬옥 끌어안는다.

괜찮아…….

괜찮아…….

이제 안전해…….

안전해…….

사랑해…….

사랑해…….

품 안으로 더 깊숙이 안아 준다.

괜찮아…….

다 괜찮아…….

이제 안전해…….

안전해…….

사랑해…….

많이 사랑해…….

"말해 주렴. 이제 아무것도 안 해도 된다고."

아이의 뺨 위로 소리 없는 눈물이 흐른다.

등을 가만히, 가만히 쓸어내리며 귓전에 대고 속삭여 준다.

이제 아무것도 안 해도 돼. 아무것도……. 아무것도…….

"아무것도 안 해도 괜찮다."

"……"

"아무것도 안 해도 괜찮다. 얘야."

헌승에게 안겨 있는 아이가, 그 아이를 안고 있는 헌승이 동시에 대답한다.

"고마워요. 그 말."

품속의 아이 얼굴은 눈물범벅이다.

두 손으로 흐르는 눈물을 닦아 준다.

아이가 딸꾹질을 하며 자신을 본다.

어른 헌승과 아이 헌승이 서로의 눈을 마주 본다.

"세상에 파이팅의 말을 뿌린 날. 희망의 씨앗을 뿌린 날. 누구보다 칭찬해 줘야 할 사람, 축복해 줘야 할 사람은 너란다."

"……"

"부모도, 너를 도운 사람들도, 지금 이 순간 다 잊어도 좋아."

하아, 낮은 숨이 새어나온다.

"너의 깊은 곳에 숨어 있는 첫 생각. 첫 마음. 그게 네 삶을 만들었지."

"……"

"지금까지의 네 삶에 만족하니?"

느릿느릿 고개를 가로젓는다.

"이루었는데 말이지……. 자랑스러운 아들. 고마운 아들. 네 주위 사람들이 바라던 대로 라디오를 통해 네 목소리가 흘러나왔는데 말이다……."

"……"

"어떤 감정이 올라오니?"

"이상한, 뭐라 설명할 수 없는……."

"공허겠지."

"네."

"너 없는 인생이었으니까."

"나 없는 내 인생…… 맞아요."

"너의 첫 생각 속에 네가 없었으니까."

"그래요."

"첫 생각은 네 삶의 씨앗이야. 말과 행동으로 이어져 삶이 될 소중한 씨앗."

의도하기도 전에 생겨난 그 생각. 그 바탕. 이제 어떻게 해야 할까.

"지금 이 순간 생각을 바꾸면 된다. 생각이 말이 되고 행동이 되고 삶이 된다면, 지금 바로 생각을 달리하면 돼."

"습관이 되어 있어요. 생각조차."

"알아차려 보자."

"……"

"따라 해 봐. 모두를 만족시킬 순 없다."

온 마음을 담아 따라한다.

"모두를 만족시킬 순, 없다."

"모두에게 사랑 받을 순 없다."

"모두에게 사랑 받을 순, 없다."

"모두를 보살필 필요는 없다."

"모두를 보살필 필요는, 없다."

"모두의 기대에 부응할 필요도 없다."

"모두의 기대에 부응할 필요도, 없다."

"모두에게 고마움의 대상이 될 순 없다."

"모두에게 고마움의 대상이 될 순, 없다."

"지금 이 순간 나를 좋아하는 사람이 백 명이면, 나를 싫어하는 사람도 백 명이다."

"지금 이 순간 나를 좋아하는 사람이 백 명이면, 나를 싫어하는 사람도 백 명이다."

"잘하려고 애쓸 필요 없다."

"잘하려고 애쓸 필요, 없다."

"나부터 행복해야 한다."

"나부터, 행복해야 한다."

"내가 먼저 편안해야 한다."

"내가 먼저, 편안해야 한다."

"몸도 마음도."

"몸도 마음도."

숨이 고여 있다 쏟아지듯 입을 통해 후욱, 터져 나온다.

고시원 앞 슈퍼의 평상은 가로등 빛을 받아 연한 아이보리색으로 물들어 있다.

부드러운 봄빛.

설익은 봄내음.

가방을 내려놓고 앉아 지친 다리를 쉰다.

"네 첫 생각은 무엇보다 널 위한 것이 되게 해. 널 위하는 게 곧 타인을 위하는 것이 되게끔. 그렇게 물 흐르듯 가면 돼."

"쉽지 않네요. 나를 안다는 게, 나로 산다는 게, 세상을 산다는 게……."

"같이 가자……."

가슴 깊은 곳으로 무언가 훅, 밀고 들어와 부딪힌다.

"같이 가자."

그가 다시 한 번 말한다.

손으로 왼쪽 가슴께를 쥔다.

"같이 가자."

또 한 번 훅, 하고 밀려와 부딪히는 그것을 꼭 잡아 본다.

자신의 노래가 세상으로 흘러나온 날, '파이팅'의 씨앗이 세상에 뿌려진 날이다.

나 없는 내 인생을 사는 동안 그래도 꿋꿋이 나라는 존재를 지켜 준 그, 내 안의 그를 온전히 느껴 본다.

깨닫는다. '그'는 부모도 어느 누구도 아닌, 고맙게도 다행스럽게도 '내 안의 그. 내 안의 나'라는 것을.

그가 나지막한 목소리로 말한다.

"힘든 세상 살아오느라 수고했어."

"……"

"내가 알아……."

가슴 위에 두 손을 포갠다. 고맙게도, 다행스럽게도, 그는 내 안의 나.

정말이지 다행스럽게도…….

(귓전에 말하다)

매순간 생각을 관찰해야 합니다.
한 생각은 곧 말이 됩니다.
그 말은 곧 행동이 됩니다.

나의 행동을 바라봅니다.
나의 행동은 성격이 됩니다.

나의 성격을 바라봅니다.
나의 성격은 습관이 됩니다.

나의 습관을 바라봅니다.
나의 습관은 인생이 됩니다.

지금 나의 생각은 곧 내 인생이 됩니다.

지금 내 인생이 만족스럽지 않다면
인생을 바꿀 수 있는 방법을 알려드리겠습니다.

매순간

생각을 관찰하세요.

그 생각 그 인생 : 한 생각이 삶이 된다

귓전 확언

나야, 괜찮니?

그럼 괜찮고말고.

괜찮아 그치?

생각보다 나는 괜찮은 사람일지도 몰라.

누가 뭐라 해도 난 괜찮아.

그럼, 당연히 괜찮지.

그럼,

누가 뭐라 해도 난 괜찮아.

이 정도면 충분해.

아무나 할 수 없는 일이야.

지금까지 충분히 잘해 왔어.

가끔 놀랍다.

이런 상황에서도 이렇게 잘해 오다니.

칭찬해 나야.

아무것도 안 바라.
내가 지금 이렇게 살아 있는데
뭐가 걱정이야.

힘들었지만 지금까지 잘 살아 왔어.
참 고맙다 나야.
이 힘든 세상 함께 살아 줘서 고맙다.
고마워.

이제 잘될 거야.
그럼.
세상에 나 같은 사람이 잘 안 되면 누가 잘되겠어.
매일매일 모든 게 좋아질 거야.
나니까.

고맙다, 나야.
나라서 참 고맙다, 나야.

잘 이겨내 왔어.

아주 잘 살아 왔어.

참 고맙다, 고마워.

고맙다고.

그저 고마워.

진심이야, 사랑해.

이제 좋은 일들만 생길 거야.

날마다 좋은 일들만 생길 거야.

나야, 사랑해.

항상 옆에 있을게.

항상 곁에 있을게.

항상 지금처럼 곁에 있을게.

나야, 사랑해.

나야, 너처럼 완벽한 사람은 이 세상에 없어.

너는 있는 그대로 온전해, 나야.

이 세상에 유일한 존재는 바로 나야.

그 누구와도 비교하지 않아.

난 이대로 온전해.

나는 언제나 여유롭게 활기차게 살아갈 거야.

주위에 많은 사람들이 나를 좋아하고 나를 아껴.

나야, 난 그걸 믿어.

나의 밝은 기운은 많은 사람들을 행복하게 할 거야.

내가 바로 사랑이니까.

내가 나라서 참 행복해.

더 이상 바랄 것 없어 나야.

지금 이대로 고맙다.

참 고마워.

앞으로도

평온하고 여유롭게

내가 원하는 대로 세상이 흘러갈 거야.

내가 원하는 대로.

그럼, 그렇고말고.

나니까.

나니까.

나야, 사랑해.

온 우주가 나를 위해 돌아가고 있어.

나를 위해 온 우주가 돌아가고 있어.

이 좋은 기운을 많은 사람들과 나누며 살아갈 거야.

나야, 네가 세상에서 가장 사랑스러운 존재야.

고마워, 나야.

네가 나라서 너무 고마워.

나야, 고맙다.

나야, 사랑해.

나야, 행복해.

사랑한다, 나야.

참,

고맙다.

5

희망 의식

나는, 희망이다

· ·

새순이 돋아나고 있다.

마른 나뭇가지에서, 흙바닥에서, 보도블록의 좁은 틈새에서 갓 나온 어린잎은 덜 여문 연둣빛이다.

어떻게든 살아나려는 자연을 뒤로 하고 스스로 삶을 끊어 버리는 목숨들이 있다.

마포구와 영등포구를 잇는, 길이 천삼백구십 미터의 긴 다리. 자살대교로도 불리는 마포대교에서 어제도 한 생명이 강물 위로 몸을 던져 이생을 떠났다.

헌승은 다리 밑, 시멘트 계단에 앉아 노래를 한다. 백일을 목표로 노래한 지 구십오 일째다.

제 생명을 던지려 다리 난간을 서성이고 있을 누군가에게 자신의 노래가 닿을 수 있기를 바란다. 당신은 이 세상에서 가장 소중한 존재, 오직 하나뿐인 존재라고. 당신은 지금 살아 있다고. 절대 혼자가 아니라고…….

이미 생을 마감한 누군가에게도 가 닿을 수 있기를 바란다. 지금 있는 그곳에서 부디 평안하시라고…….

왕복 10차선 도로 위를 달리는 차량들로 다리 밑 철근이 진동한다. 아스팔트 위를 지치는 타이어의 마찰음이 더해져 신산스럽기까지 하다.

관객 없이 혼자 기타를 퉁기며 노래하는 헌승에게로 오십 대 후반쯤 되어 보이는 아저씨가 슬렁슬렁 걸어와 선다. 근처 다리 기둥 옆에 앉은 그의 옆얼굴은 짙은 노을빛이다.

"노래에 영 힘이 없네. 뱃심이 딸려서 그런가." 아저씨가 주머니에서 만 원짜리를 하나 꺼내 헌승에게 내민다. "내가 짬뽕 쏜다. 자네 휴대전화로 두 그릇 시켜 봐."

둘은 바닥에 나란히 앉아 한강을 바라본다.

배달원이 가져 올 짬뽕을 기다린다.

무슨 일을 하시는지 조심스레 묻는 헌승에게 아저씨는 주저 없이 "마포대교 거지"라고 답한다. 삼십오 년째 노숙 생활 중이라는 말도 덧붙인다. 오늘 폐지 주워 번 돈으로 짬뽕 한 그릇 사는 거라고도. "지난 삼십오 년간 저 다리 위에서 떨어지는 사람들 참 많이 봤어.

사여두 많구 고생두 많았겠지. 그런데 소문 들어 보면 집도 있고 친구도 있고 가족도 있는 사람들이 대부분인 거야. 난 아무것도 없는 거지인데. 참······. 부러워할 새도 없었어. 죽었으니까."

그가 강물 위로 작은 돌 하나를 던진다. 퐁당, 소리와 함께 물결이 일었다 사라진다.

배달 온 짬뽕을 함께 먹는다.

헌승이 보답으로 신청곡을 불러 준다.

밤이 강물 위로 내려온다.

"자네를 구십 일 넘게 지켜봤어. 꾸준히 와서 노래하더군." 아저씨는 헌승의 팔을 툭 치며 "배고프면 언제든 와. 짬뽕 사 줄게" 하고는 자리에서 일어선다.

왔던 길로 몸을 돌려 터벅터벅 걸어간다. 오늘 밤도 피로한 몸을 받아 줄 어느 찬 길바닥, 종이박스 이불이나마 알뜰히 쟁여 둔 자신만의 공간을 향해 간다.

그의 왜소한 뒷모습을 보며 짐을 챙긴다. 가방을 어깨에 두르고 마포대교 위로 오른다.

고층빌딩으로 빼곡한 이쪽 도시와 저쪽 도시를 잇는 긴 다리. 인도를 걸으며 도로 위를 본다. 쏜살같이 지나가는 차들의 번호판을 본다.

왼쪽으로 고개를 돌린다. 한강이 저 멀리까지 뻗어 있다.

난간에 기대 아래를 본다. 펜스 높이는 기껏해야 1.5미터쯤 될까.

생에 지친 사람들에게 이 애매한 높이의 보호막은 외려 보호막조차 허술하다는 설움을 일으킬 것만 같다.

"최소한의 보호막이 필요해요."

"그래. 모두에게."

한동안 그는 말이 없다.

헌승은 난간을 짚어 가며 천천히 걷는다. 심술 많은 봄바람이 앞에서 뒤에서 어지럽게 불어 댄다.

"한 치 앞, 바람의 방향조차 알 수 없는 게 인간인데 말이다."

"불안한 거죠. 그 불확실성이."

"당연한 거야. 불확실성은."

"그래도 무서웠겠죠."

"모든 것은 지나가는 거야. 그걸 믿어야 해."

"……"

"어떤 무서움도, 두려움도, 고통도, 슬픔도, 외로움도, 궁핍함도 생명을 끊어 버릴 만큼의 힘은 없어."

"그렇다면 왜 그들은……."

"희망. 그게 없었던 거지."

"……"

"정확히는 '희망'을 잊어버리고 있었던 거야."

"……"

"사람들은 쉽게 말해. 희망이 없어. 희망을 잃었어. 희망이 보이지 없이."

"그럴 때가 있죠. 벼랑 끝으로 내몰릴 때, 끝없는 나락으로 추락할 때, 오로지 혼자라고 여겨질 때, 희망의 지푸라기조차 보이지 않을 때가 말예요."

"그 어떠한 때에라도, '희망'은 살아 있는 사람, 존재하는 생명에게서 단 한순간도 떠나 있은 적이 없다. 고통은 반드시 순간이고, 희망은 언제나 지속된다."

"……"

"네가 나를 찾아왔던 그날을 기억하니?"

"비가 많이 오던 날이었죠. 배고프고 외롭고……"

"우리가 그때 처음 만난 거라 생각하니?"

"내 안에 원래 있었단 걸 이제는 알아요. 나란 존재가 시작되던 그 순간부터 쭉."

"그래. 너라는 씨앗이 뿌려진 그 순간부터. 살아야겠다는 그 하나의 열망으로 힘차게 헤엄치던 네게 이미 나는 있었어. 무의식. 잠재의식. 희망 의식. 진짜 너 말이다."

"네. 고마워요. 함께 있어 줘서."

"날 찾아 줘서, 발견해 줘서, 나야말로 고맙다."

자신은 운이 좋은 사람이다. 축복 받은 사람이다. 그게 놀랍고 기적 같다.

"너는 우주라는 자연이 낳은 생명이야."

"네. 우주는 하나의 생명체예요. 그 안의 나와 나 아닌 사람들은 모두 우주로서 하나죠."

"그래. 너는 곧 타인이고 타인은 곧 너다."

"잊고 있다면 알려주어야 해요. 나와 같은 당신에게도, 당신 안에도 '희망 의식'이 있다고. 지금 살아 있음이 그 증거라고. 어디서 구할 것 없이 이미 있다고요."

"맞아. '희망 의식' 없이는 어떠한 생명도 탄생할 수가 없어. 살아 있는 존재라면 반드시 '희망'을 품고 있어. 그것만으로도 모든 존재는 충분히 멋지다. 충분히 괜찮다. 충분히 온전하다."

앞에서 불어오는 바람을 코로 흠뻑 들이켠다.

뒤에서 불어오는 바람을 따라 숨을 후우 내뱉는다.

"그렇게 자주 숨소리를 들어. 지금처럼 숨을 들이쉬고 내쉬면서 네 호흡에 집중해 봐. 그때마다 올라오는 생각을 알아차리고 붙잡고 있는 것을 내려놓고 물 위에 띄워 흘려보내라."

처음. 나의 숨소리는 그저 내 호흡기를 드나드는 공기의 마찰음이었다.

이것이 명상인지, 어떠한 과정인지도 모른 채 호흡에 집중하는 동안 이제 내 숨소리는 존재함의 증거, 희망의 증거가 되어 있다.

숨소리는 나의 영혼이고 나의 본성이다. 내면 깊은 곳으로 나를 인도하는 끈이다.

맞은편에서 한 남자가 걸어온다. 풀어 헤쳐진 넥타이와 허술하게 들고 있는 서류 가방, 비틀거리는 갈 짓자 걸음이 아슬아슬하다. 그가 헌승의 옆을 지나쳐 간다. 소주 냄새가 짙다.

혹시라도 어디선가 '첨벙' 물소리가 들릴까 조마조마한 마음으로 그의 뒷모습을 한참이고 바라본다. 작은 점이 되어 아주 보이지 않을 때까지 눈을 떼지 못한다.

"어떻게 알려 줄까요. 당신 안에 '희망'이 이미 있다고. '희망 의식'이 생생하게 살아 있다고. 어떻게 하면 알려 줄 수 있을까요."

"알려 주고 싶니?"

"네."

"왜?"

"전부 '나'니까요."

"그렇다면 그 방법도 이미 네가 알고 있겠구나."

"……"

"네가 가장 행복한 방법으로. 네게 가장 자연스러운 방법으로. 네게 무리 없이, 네게 힘듦 없이, 그저 물 흐르듯 마음 가는 대로 매 순간 그렇게 선택하면 되지 않겠니."

"빨리, 더 많은 사람에게, 더 많은 사람이 목숨을 버리기 전에, 더 많이 상처받기 전에 알려 주어야만 할 것 같아요."

"그건 조바심이야. 교만이야. 부자연스러움이야. 희생과 억누름과 고행의 방법으론 '희망 의식'을 전할 수 없단다."

"……"

"너는 사람이야. 자연이야. 자연은 수시로 변해. 불확실해. 완전하지 못해. 커다란 이치에서만 자연은 한결같고 완전하다. 그걸 행하는 건 우주의 몫이야."

"……"

"네가 너로서 온전하고 충분한 존재란 걸 받아들였듯이 또한 받아들여야 해. 온전하나 완전한 존재는 아니란 걸. 충분하나 삼성이 있고 겪고 실수하고 변하는 존재란 걸. 허물도 있고 허점도 있는 존재란 걸. 그래도 다 괜찮다는 걸 말이야."

"그래요. 받아들입니다."

"그럼 애쓰고 부담 가질 필요 없어. 그저 네 자리에서 물질보다 마음을 먼저 내어 줘. 네가 맺는 모든 인연을 위해 기도해 줘. 사람의 눈을 바라보며 이야기를 들어 줘. 따뜻하게 미소 짓고 말없이 손을 잡아 줘. 나 자신을 대하듯 자연스럽게. 그거면 돼."

"그걸로 내가 알고 있는 이 '희망 의식'을 전할 수 있을까요?"

"부족해 보이니?"

"네. 말해 줘야 할 것 같아요. 명상법도 알려 주고, 설득도 하고……."

"네 마음이 시키는 대로, 다만 물 흐르듯 가렴."

"물 흐르듯……."

"스스로에게도 남에게도 장담하거나 약속하지 마라. 어떻해야만 한다는 기준도 세우지 마라. 한 치의 거짓도 비양심도 허용치 않겠다는 마음가짐을 가지지 마라. 그렇게 자신의 마음과 행동의 반경을 좁혀 놓지 마라. 뿌려 놓은 다짐과 말의 덫에 스스로 갇혀 과잉 검증하며 자신을 옥죄게 된다. 그럴수록 너의 '희망 의식'은 너에 의해 걸리고 넘어진단다."

"명상하며 나와 만날게요. 나누고 싶은 마음이 올라올 땐 그 마음을 따라갈게요. 노래하고 싶어질 땐 노래할게요. '희망'을 전하고 싶어질 땐 또 그 마음을 따라갈게요. 내 마음의 행복을 지켜 줄게요."

"그래. 네 마음의 행복을 지켜 줘."

"네."

"만나는 사람들에게 당신은 이미 참 괜찮은 사람이라고 말해 주렴."

"그러고 싶어요."

"참 소중한 사람이라고도 말해 줘."

"네."

"그러니 자신을 더 아껴 주라고. 사랑해 주라고."

"네."

"그럼 족한 거란다."

그럼 되는 거구나……

마포대교의 끝자락에 다다른다. 걸어온 길을 본다.

눈을 감고 두 손을 모은다.

더는 누구도 이 다리 위에서 강을 향해 제 목숨 던지는 일이 없기를.

살아 있는 그 순간, 안에서 요동치는 '희망 의식'을 알아차려 주기를.

무의미와 무가치함에 무너질 때 '생명'이 자연임을 믿어 주기를. 자연이기에 그저, 자연 속에서 함께 무르익어 가면 충분하다고 받아 들여 주기를.

천천히 눈을 뜬다.

고개를 들어 하늘에 걸려 있는 커다란 달을 본다.

몇 백만 광년을 지나 자신에게로 와 비추고 있는 놀라운 자연이다.

"너 역시 저 달과 동등한 생명이야."

"......"

"너 역시 저만큼 크고 밝게 빛나고 있어."

때로 나 자신이 초라하고 부족하게 느껴질 때조차도…….

"그 어느 때에도. 절대적으로. 너는 달이다."

"나는 달입니다."

"너는 별이다."

"나는 별입니다."

"너는 우주다."

"나는 우주입니다."

"너는 전부다."

˝나는 전부입니다.˝

마포대교를 벗어난다.

발아래. 콘크리트의 미세한 균열 틈 사이로 힘겹게 얼굴을 내밀고 있는 새싹을 본다.

다리를 굽히고 앉아 작고 어린 연둣빛을 본다. 말해 준다. "당신은 전부입니다."

스치는 바람에도 잎을 파르르 떠는 새싹은 그래도 뿌리 내린 그 자리에서 굳건하다.

"그 작은 잎도, 너도, 거지 아저씨도, 비틀거리며 지나간 어느 회사원도, 이 땅의 모든 사람들도, 살아 있는 모든 존재들도, 동등한 생명이란다."

그래요. 동등한 생명입니다. 모두 소중한. 모두 온전한.

"기억하렴. 지금 이 순간 살아 있는 너. 존재하고 있는 너. 그게 바로, 네가 바로, 희망이라는 것을."

이제는 믿는다. 의심 없이.

밖에서 구하지 않는다. 어딘가에서 찾지 않는다.

내 안에 있다.

내 존재 자체가…… '희망'이다.

〔 귓전에 말하다 〕

명상을 만나면
우리가 얼마나 자유롭고 편안한 존재인지를
알게 됩니다.

그저 잠시 호흡하면서 편안하게 쉬어 봅니다.
우리가 편안해지면 편안해질수록
몸과 마음은 연결됩니다.

몸이 마음이고 마음이 몸입니다.
몸과 마음이 조화롭게 연결되는 상태가
바로 쉼이며
명상입니다.

자신을 너무 몰아붙이지 않습니다.
그저 쉽니다.

귓전 확언

나의 의식은 희망이다.

나의 의식의 본성은 희망이디.

나는 희망의 본성을 가진 존재다.

나는 희망으로 가득한 존재다.

나는 희망으로 똘똘 뭉친 존재다.

나의 본성은 희망이다.

나는, 희망이다.

에필로그

열대우림 속 캄보디아, 꼭트넛 마을.

울창한 초록으로 둘러싸인 꼭트넛 초등학교의 넓은 운동장은 오래 익고 다져진 파슬파슬한 흙으로 덮여 있다.

슬부슬 흩뿌리다 슬그머니 사라지고 두툼두툼 쏟아지다 새침하니 돌아서는 빗방울은 이제 익숙한 손님 같다.

헌승과 함께 온 스무 명의 자원봉사자들, 마을 주민들과 아이들이 오랜 풍경처럼 한데 녹아 있다.

노래를 부른다. "일어나, 아이들아. 일어나, 아이들아……." 크메르어로 반복한다. "크록초, 크맹크맹, 크록초, 크맹크맹……." "일어나, 아이들아. 일어나, 아이들아. 가슴 깊이 숨을 쉬어 봐. 우린 지금 살아 있다고…….'

적도와 가까운 어느 나라, 어느 초등학교에서 열리는 1,798번째

희파 콘서트는 이렇게 '희망'으로 물들어 간다.

일 년 전, 봉사자들과 함께 만들었던 이 우물에선 여전히 맑은 물이 샘솟는다.

깨끗하지 않은 저수지의 물 대신 정수 보틀을 갖춘 우물은 사람들에게 '귓전수'로 불린다.

물을 가지러 분수히 오가는 사람들과 해맑은 아이들의 웃음, 그들이 만들어 낸 소통과 소식과 소곤거림. 어느새 학교는 마을 쉼터 겸 공공의 공원이 되어 있다.

한글 수업과 음악 수업, 체육대회, 준비해 온 선물 나누기, '귓전수 2호' 준공식…… 일주일이 빠르게 지나갔다.

기타 위로, 머리 위로, 사람들의 어깨 위로 빗방울이 내려앉았다간 마르고, 햇살이 고였다간 사라지고, 무지개가 피었다간 사위어 간다. 자연보다 아름다운 무대는 없다.

흙투성이 맨발로 땅을 딛고 당당히 서 있는 아이들이 대견하다. 그들의 수줍은 미소가, 반달 같은 눈빛이 말한다. '알고 있나요? 우리들이 무엇을 보았는지. 당신들이 전해 준 게 무엇인지를.'

헌승도 눈빛으로 답한다. '네……, 희망입니다.'

처음부터 당신들에게로 오게끔 정해져 있던 순간. 전해질 수밖에 없던 언어, 희망.

다행이다.

다행이다.

내 삶을 바꾸는 치유 명상 수업

많은 계절을 지니 있다. 많은 곳을 나녔다. 많은 사람들을 만났다.

전국 팔도의 역사 노숙인분들 앞에서, 재활센터에서, 암 병동에서, 홀몸 어르신 쉼터에서, 장애우 시설에서, 소록도 병원에서, 시각장애인 부부의 집에서, 캄보디아에서……. 물 흐르듯 본성의 목소리를 따라가 노래했다.

함께해 주는 사람들이 생겨나고 늘어 갔다.

'희망을 파는 사람들'이 되어 주었다.

기부와 나눔과 봉사를 실천해 주고, '희파 콘서트'의 관객이 되어 주고, 희망을 파는 존재가 되어 주었다.

의도도 계획도 없었다. 마음 닿는 대로, 인연 닿는 대로 그렇게 흘러 흘러 왔을 뿐이다. 기적이랄 수밖에.

작은 바람이 지난다.

태고적부터 전해져 온 먼 옛날의 바람이다.

그 후손들이다.

아쉬운 인사를 나누며 돌아선다. 곧 다시 만나게 될 거란 인연의 약속을 믿는다.

한국으로 돌아가기 위해 모인 봉사자들에게 헌승은 두 손을 모으고 고개를 숙인다. "당신이, 희망입니다."

봉사자들이 답한다. "희망입니다."

마음으로 말한다. "더 잘해 드리지 못해……, 미안합니다."

사람들이 답한다. "더 잘해 드리지 못해……, 미안합니다."

눈으로 전한다. "힘든 세상……, 함께 살아 주셔서 고맙습니다."

존재들이 답한다. "힘든 세상 함께 살아 주셔서…… 고맙습니다."

공항 가는 차에 오르려다 잠시 시선을 돌린다. 학교 전경 구석구석을 가슴에 새긴다. 마른 땅 사이로 꼬물꼬물 솟아난 한 뼘 잔디를 본다.

"그 생명은 두 뼘, 세 뼘 제 공간을 넓혀 갈 거야."

그의 목소리가 정겹다.

"그럴 거예요."

"생명의 힘은 그런 거란다."

고개를 끄덕인다. 어떻게든 희망을 뿌리자. 나머지는 그 존재에게 맡기는 거다.

그렇게 물 흐르듯, 믿고, 함께 가 보자.

내일이 어떻든. 앞으로 어떻든. 알 수 없는 미래는 미래의 몫. 그저 지금을 살기로 한다.

"그래. 항상 너의 숨소리를 들으렴."

"네. 지금에 머무르기 위해. 지금 존재하기 위해."

흙내음이 편안하다.

"매일매일 모든 것이 좋아질 거야."

입꼬리가 올라간다.

"네. 물 흐르듯."

"그래. 물 흐르듯. 모든 것이."

그의 진지하고 잔잔한 목소리가 귓전을 울린다.

"희망이다……."

아, 그의 소리는 따스한 숨결.

"온전한 나여……."

그의 소리는, 나의, 숨.

이 책을 다 읽으신 여러분은 이미 '명상'의 세계로 들어오셨습니다. 명상을 실천하셨습니다.

명상법을 따로 설명하지 않고, 이야기 속에 넣은 것은 명상이 곧 삶임을 알려 드리기 위함이었습니다.

명상은 특별한 것이 아닙니다.

여러분이 이야기를 따라오며 해 본 호흡이 명상입니다. 호흡을 느끼며 편안하고 고요하게 쉬는 것이 명상입니다.

희망입니다.

저는 사람들을 만나면 "희망입니다"라고 인사합니다.

나 자신이 희망의 존재이며, 만나는 당신이 희망의 존재이고, 우리가 만난 것이 희망의 인연이며, 우리가 함께 걸어가는 이 길이 희망의 동행이기 때문입니다. 그래서 저는 사람들을 만나면 첫 인사로 항상 '희망입니다'라고 말합니다.

오늘이 책을 읽으시는 당신에게 인사드립니다.

"희망입니다."

책을 쓴다는 것은 참 용기가 필요한 일입니다. 저에게는 그렇습니다.

글은 기록이기 때문입니다. 지금 이 글을 쓰고 있는 중에도 내가 제대로 해 온 건지 의문이 듭니다.

꾸미지 않고, 그저 살아온 나의 이야기를 그대로 독자들에게 전달해 보자는 마음이었습니다. 그 안에 명상을 담아 보자, 잘 팔리는 책이 아니라 기억에 남는 책, 흉내 내는 책이 아니라 내 책을 쓰자고 마음먹었습니다.

이 책은 나에게 묻고 나에게 답하는 자문자답의 형식으로 이루어져 있습니다.

저는 어릴 적부터 스스로에게 끊임없이 질문을 하곤 했습니다. 시간이 흐르면 내 안의 목소리가 나에게 답을 해 주었습니다. 그렇게 수없이 많은 질문이 저 자신에게 쏟아졌고 또 수없이 많은 답이 제 안에 스몄습니다.

질문과 답변이 잦아들 즈음 이 책을 씁니다.

지금 이 페이지를 읽고 있는 당신의 손에는 이 책이 들려 있을 것입니다. 반은 성공한 것입니다.

　당신의 마음이 혼란스럽고 아프고 공허할 때, 이 책에 나와 있는 이야기를, 호흡법을 가끔이라도 따라해 보시길 진심으로 희망합니다.

　힘든 세상 살아가는 동안 잠시라도, 단 한 번이라도, 이 책이 당신에게 위로가 된다면, 그런 마음을 느낄 수 있다면 그것으로 이 책의 존재 의미는 족하고 충분합니다.

　그 누가 뭐래도
　'당신이 희망입니다.'

바르고 깨끗한 마음을 지녀야

욕심과 집착하는 마음을 알아차릴 수 있고

물 흐르듯 물 흐르듯 흘려보내는 마음을 지녀야

꼭 필요한 말만 하는 묵언을 지키게 된다.

올바른 가르침을 바로 보는 지혜가 있어야

참된 가르침을 만나게 되고

그 가르침을 정진해 나아갈 때

물 흐르듯 삿된 가르침이 비켜가게 된다.

물질과 재화는 한 시절 인연이란 것을 알아야

재물에 허덕이지 않는 인생을 살게 되고

명예와 인기가 영원하지 않다는 것을 안다면
겸손하고 배려하는 마음으로 살아가게 된다.

이미 내뱉은 말과 행동을 더 이상 논하지 않아야
과거에 집착하는 마음을 내려놓을 수 있고
혹여 말과 행동으로 상처를 준 이가 있다면
진심으로 참회하고, 그 일을 되풀이하지 않아야 한다.

남이 가진 것과 비교하는 마음이 올라오면
내 마음은 곧 지옥으로 가는 길이요.
욕심으로 남의 것을 탐하는 마음이 올라오면
그것을 갖지 못한 성내는 마음도 올라오게 된다.

누군가 이유 없이 화를 내고 목소리가 커진다면
그 화는 나에게서부터 시작된 것임을 알고
그 성냄의 원인을 곰곰이 되짚어 본다면
물 흐르듯 그런 일은 되풀이되지 않을 것이다.

목적이 있는 깨달음을 얻기 위해 애쓰지 않아야
진정한 본성의 깨달은 마음이 드러나고
깨달음은 어디서 얻고 받는 것이 아니라

지금 내 안의 본성이 본래의 깨달음이라는 것을 알아야 한다.

내 본성의 깨달음이 드러나기만 한다면

산천초목 나무 한 그루 한 그루가 나의 뼈가 되고

강물과 바다, 내리는 빗방울이 나의 피가 될 것이니

숨 쉴 때마다 나의 정기신에 감사와 희망의 꽃이 피리라.

수천 년 동안 닫혀 있던 마음도 한 마음을 내면 열리고

그 마음 하나가 열리면 온 세상이 한 마음이 되고

어둡고 탁했던 지난 모든 마음도 물 흐르듯 사라지니

희망 세상은 곧 내 마음 하나 열기에 달려 있다.

비가 새고 달빛이 비치는 초라한 초가집이라도

내 마음 하나 청정히 하고 밝기만 한다면

그곳이 곧 대궐이고 궁전이요.

아무리 금은보화가 가득한 궁궐이라 할지라도

탐욕과 성냄, 시기와 질투가 가득하다면

그곳은 곧 쥐가 들끓는 쓰레기 더미에 불과하다.

이 세상에 있는 모든 존재는 장점과 단점이 있으니

남의 허물을 보더라도 들추어 내려 하지 말고

오히려 장점을 찾아 그것을 칭찬할 줄 알며
남의 허물이 보이는 순간, 그 허물 또한
이미 내 안에 머물고 있는 것임을 알아야 한다.

입꼬리가 올라가고 눈빛이 맑으며 인자한 말투는
지혜와 깨달음으로 드러나는 희망을 내뿜는 얼굴이며
입꼬리가 내려가고 눈빛이 탁하고 날카로운 말투는
번뇌와 괴로움 성냄과 오만을 내뿜은 얼굴이다.

바른 생각과 바른 마음, 바른 행동 바른 습관으로
선하고 진실된 마음으로 살아가는 이는
어떠한 세상에 던져진다 하더라도
선신들의 보호 속에 평온하게 살아가게 된다.

욕심과 성냄, 거만과 잘난 체하며 겸손하지 못한 이는
아무리 열심히 살고 노력한다 하더라도
마주치는 인연마다 불신만이 난무하고
살아가는 곳곳에 혼란과 아픔만이 몰려오게 된다.

아무리 좋은 말이라도 길어지면 좋은 말 없고
아무리 좋은 충고도 길어지면 잔소리밖에 되지 않으니

말은 짧게 하고 눈으로 얘기하며 마음으로 기도한다면
이 세상의 어떤 이의 마음도 얻을 수 있는 존재가 된다.

질투하는 마음이 깊어지면 시기하는 마음이 생기고
시기하는 마음이 깊어지면 미워하는 마음이 생기며
미워하는 마음이 깊어지면 원망하는 마음이 생기고
원망하는 마음이 깊어지면 내 마음 상처의 골만 깊어진다.
내 마음의 상처가 깊어지기 전 원망하는 마음을 내려놓고
원망하는 마음이 생기기 전 미워하는 마음을 내려놓으며
미워하는 마음이 생기기 전 시기하는 마음을 내려놓고
시기하는 마음이 생기기 전 질투하는 마음을 내려놓는다.

미워하는 마음이 깊어지면 내 피를 탁하게 하고
욕심의 마음이 깊어지면 내 내장이 부풀어 오르고
성내는 마음이 깊어지면 내 뼈를 삭게 하니
다만, 물 흐르듯 흘려보내고 그 마음에 집착하지 않는다.

태어나 늙지 않는 이 없고
늙어서 병들지 않는 이 없으며
병든 이 죽지 않는 이 없으니
생로병사의 진리에 눈떠

살아 있는 지금 이 순간 감사하며 살아야 한다.

생로병사 의 진리에 눈뜬 이는
가지고 있을 때 나눌 줄 알고
건강할 때 봉사할 줄 알고
마음 공부 만난 시절 인연에 수행 정진할 줄 알며
소통하고 친절하며 배려하고 겸손한 미덕으로
이 세상을 살아가니
그 어떠한 곳에 존재하든
그 자리의 주인이 되리라.
어느 곳이든 주인이 되리라.
어디서든 주인이 되리라.
주인이 되리라.

- 희파

이분들 덕분에 첫 책이 나오게 되었습니다. 1997년부터 거리에서 지켜봐 주신 분들, 1,800회 동안 희망을 파는 콘서트와 이 책의 스토리가 된 주인공들과 관객분들, 유튜브에서 귓전명상과 인연이 되어 주신 분들, 희망을 파는 사람들, 희망세상, 책을 쓰는 동안 도움을 주신 한사람 님. 한때 인연이 되어 주셨던 모든 분들께, 더 잘해 드리지 못해 미안합니다. 힘든 세상 함께 살아 주셔서 고맙습니다.

두 손 모아.

누가 뭐래도

당신이 희망입니다.